Rebecca Niazi-Shahabi
Scheiß auf die anderen

Zu diesem Buch

Jeder Tipp, den wir uns zu Herzen nehmen, jeder Ratgeber, den wir uns kaufen, jeder Kurs, den wir besuchen, ist eine Schuldzuweisung an uns selbst. Wir geben uns die Schuld, nicht so sportlich, großzügig und edel zu sein, wie wir gerne wären, – und lassen uns von verlogenen Facebook-Posts und Erlösungsgurus vorgaukeln, dass andere viel inspirierter sind als wir. Obwohl wir bereits ahnen, dass es ihnen auch nicht besser geht, hetzen wir vom Lachyoga zum Malkurs und wundern uns, warum es so verdammt schwer ist, sich von der Meinung anderer zu befreien. Rebecca Niazi-Shahabi erklärt auf brachial-philosophische Weise, wie Freiheit zum Terror werden konnte, warum authentisch sein fürchterlich anstrengend ist, und ergründet, ob es sich am Ende trotzdem lohnt, nicht komplett auf die anderen zu scheißen.

Rebecca Niazi-Shahabi stammt aus einer deutsch-israelisch-iranischen Familie und lebt in Berlin. Dort hält die Autorin Seminare zum Thema Charisma und arbeitet als Journalistin und Werbetexterin.

Rebecca Niazi-Shahabi

Scheiß auf die anderen

Sich nicht verbiegen lassen und mehr vom Leben haben

PIPER
München Berlin Zürich

Mehr über unsere Autoren und Bücher:
www.piper.de

Von Rebecca Niazi-Shahabi liegen im Piper Verlag vor:
Nett ist die kleine Schwester von Scheiße
Ich bleib so scheiße wie ich bin
Zweimal lebenslänglich
Keine Geschenke erhalten die Freundschaft (mit Oliver Sperl)
Scheiß auf die anderen

Originalausgabe
Oktober 2015
© Piper Verlag GmbH, München/Berlin 2015
Umschlaggestaltung: Mediabureau Di Stefano, Berlin
Umschlagabbildung: Martina Kiesel
Satz: Kösel Media GmbH, Krugzell
Gesetzt aus der Adobe Garamond
Druck und Bindung: CPI books GmbH, Leck
Printed in Germany   ISBN 978-3-492-30833-5

VORWORT 7

1 SCHLUSS MIT DEM SCHLECHTEN GEWISSEN!
  Wenn Freiheit zum Terror wird 10

2 GUT IST MIR NICHT GUT GENUG!
  Von der Last, das Richtige tun zu wollen 26

3 UND WAS, WENN GELD DOCH GLÜCKLICH MACHT?
  Auf der Suche nach einer verlorenen Utopie 40

4 DER REST FINDET SICH
  Selbstverwirklichung als magische Praxis 66

5 EIN LEBEN IN FÜLLE - WAS SOLL DAS SEIN?
  Der neue Kult um eine Fata Morgana 88

6 BE YOURSELF - BE UNHAPPY!
  Warum authentisch sein keinen Spaß macht 124

7 STELL DIR VOR, DU FINDEST DICH SELBST,
  UND KEINEN INTERESSIERT'S
  Der harte Kampf um Aufmerksamkeit 146

8 PLÄDOYER FÜR EIN NEUES ALTES IDEAL
  Wie man wirklich etwas Bedeutsames tut 166

9 SCHEISS AUF DIE ANDEREN!
  Argumente gegen das vollkommene Leben 182

VORWORT

»Pari shōkōgun« ist der Name eines Syndroms, das Japaner befällt, die zum ersten Mal nach Paris reisen. Kaum betreten sie die Stadt ihrer Träume, fallen sie in Depressionen, bekommen Herzrasen, manchmal sogar Halluzinationen. Anstatt in den Straßen herumzubummeln, ziehen sie sich in ihr Hotelzimmer zurück. Voller Erwartungen waren sie aufgebrochen zu ihrem Sehnsuchtsort, den sie sich mitunter jahrelang in den schönsten Farben ausgemalt hatten. Die Wirklichkeit versetzt sie in eine Art Schockzustand.
Befragt man Japaner, wie sie sich Paris vorstellen, dann schildern sie einen inspirierenden Ort voller Künstlercafés, in dem alle Menschen aussehen wie Fotomodels. Sowohl Männer als auch Frauen tragen schöne, teure Kleidung, schlendern lässig umher und lächeln den ganzen Tag, und ehe man sich versieht, hat man sich in einen dieser charmanten Stadtbewohner verliebt.
Mit dem echten Paris werden die japanischen Besucher nicht fertig: einer Stadt voller Menschen, die nicht nur eine unverständliche Sprache sprechen, sondern zudem alles andere im Sinn haben, als Touristen in sich verliebt zu machen. Wie in fast allen europäischen Großstädten verhalten sich die meisten Einwohner so ruppig, dass ein

Japaner dies als ausgesprochen aggressiv empfindet. Was die japanischen Touristen in dieser Stadt erleben müssen, hat mit dem Mythos Paris wenig zu tun.

So ähnlich geht es mir mit dem Mythos von einem gelingenden, erfüllten Leben. Ein Leben, in dem man immer Zeit für eine gute Tasse Kaffee in der Morgensonne findet und trotzdem irgendwie erfolgreich ist. In diesem Leben ist die Liebe stets leidenschaftlich, der Job eine Berufung, der eigene Körper ein Tempel und Kinder ein kostbares Geschenk.

Wo es früher gereicht hat, eine feste Stelle zu haben und Stefan und Sandra auf die Schule nebenan zu schicken, einmal die Woche zum Sport zu gehen und im Sommer nach Italien zu fahren, werden wir heute in sozialen Netzwerken dazu aufgefordert, »endlich *richtig* zu leben«, »*gleich heute* damit anzufangen«, »*unser Ding* zu machen«. Diese allgegenwärtigen Aufforderungen erzeugen in mir ein diffuses Gefühl der Erwartung. Denn wie die meisten Menschen möchte auch ich etwas Besonderes aus meinem Leben machen, und so sehne ich mich nach dem Moment, in dem ich spüre, dass ich auf dem richtigen Weg bin. Dann werde ich nichts mehr halbherzig und ohne Leidenschaft tun, dann werde ich die Welt entdecken, meine Träume leben und meine Tochter Anna-Madita Xiomara nennen. Während ich noch auf diesen wunderbaren Moment warte, genießen die anderen bereits ihr selbstbestimmtes Leben.

In den sozialen Netzwerken kann ich es mit eigenen Augen sehen: Andere Menschen reisen weiter, lieben inniger, ernähren sich gesünder und sind im Einklang mit sich selbst. Die anderen haben – und das ist der Unterschied zu mir – ihren Platz im Leben schon gefunden. Und solange ich diesen Platz nicht gefunden habe, darf ich mich nicht wundern, wenn sich mein Leben wie ein Provisorium anfühlt.

Viel schlimmer als die Tatsache, dass man selbst nicht weiß, wie man leben soll, ist also die Sorge, dass es anderen viel besser gelingt! So wie ein japanischer Reisender sich ohne den Mythos Paris wohl damit abfinden könnte, dass er von seinem Reiseziel enttäuscht ist, so könnte auch ich mich wahrscheinlich daran gewöhnen, dass mein Leben nicht immer aufregend ist und ich immer wieder an mir selbst zweifle. Was mich und die vom »Pari shōkōgun« Betroffenen jedoch quält, ist die Vorstellung, dass andere offensichtlich etwas sehen, fühlen und erleben, wozu wir nicht in der Lage scheinen! Da ist es ziemlich egal, ob sich nur eine Stadt oder gleich das ganze Leben weigert, sich in seiner ganzen Herrlichkeit zu zeigen.

Es gibt nur eines, was einen in dieser Lage trösten könnte: nämlich die Erkenntnis, dass es anderen nicht besser ergeht.

1
SCHLUSS MIT DEM SCHLECHTEN GEWISSEN!
WENN FREIHEIT ZUM TERROR WIRD

In dem Moment, in dem du das Wort »Freiheit« oder »Demokratie« hörst, sieh dich vor, denn in einem wahrhaft freien Land müsste dir keiner sagen, dass du frei bist.
Jacque Fresco

Manchmal wünschte ich mir, es käme jemand und würde mich unterdrücken. Ein Mensch oder eine Gesellschaft, die mir verbieten würden, zu lernen, zu studieren, die Haare kurz oder lang zu tragen, Liebschaften zu haben oder Auto zu fahren. Ich würde mich gern fühlen wie eine Frau, die ihre Meinung für sich behalten muss, oder wie ein Mann, der Berufsverbot erhält; ich will wissen, wie es ist, wenn es verboten ist, Bücher zu lesen oder den Menschen zu heiraten, den man liebt. Kurzum: Ich stelle mir manchmal vor, wie es wäre, wenn die Menschen um mich herum mir verbieten würden, so zu leben, wie es mir entspricht.

Die einzige Freude in dem mir aufgezwungenen Leben wären die Treffen mit Leidensgenossen, die so wie ich an der Selbstentfaltung gehindert werden. Bei ihnen fühle ich mich zu Hause. Gemeinsam entwickeln wir Strategien, wie sich die Repressionen umgehen lassen. Mit viel Witz und Kreativität trotzen wir unseren Unterdrückern die wenigen köstlichen Freiheiten ab. Die heimliche Autofahrt, das auf dem Dachboden gelesene Buch, der Besuch eines illegalen Konzerts mit gesellschaftskritischen Songs – in solchen Stunden fühlen wir uns verwegen und lebendig. Nach diesen erhebenden Momenten der Freiheit kehren wir gestärkt in unser normales Leben zurück. In ein Leben, mit dem wir unzufrieden sind, weil es nicht das selbst gewählte ist. Diese Unzufriedenheit, die in uns brodelt und kocht, ist das wertvollste Gefühl, das wir haben, denn es zeigt uns genau, wo die Rolle, die andere für uns vorgesehen haben, einfach nicht passt.

Unsere Helden sind die, die es geschafft haben, die, die sich nichts mehr verbieten lassen. Sie fahren als erste Frau in einem roten Jaguar durch die Stadt, sie studieren als erster Schwarzer an einer Eliteuniversität. Sie lehnen es ab, die Frau oder den Mann zu heiraten, die oder den ihre Familie für sie vorgesehen hat. Sie ziehen weg von den Eltern, sie leben mit ihrem Liebhaber oder ihrer Geliebten zusammen. Sie verlassen das Land und verdienen ihr eigenes Geld, sie rauchen auf der Straße, sagen, was sie denken, ziehen Hosen an und schlafen, mit wem sie wollen, und essen sogar Schweinefleisch.

Diese besonderen Menschen haben sich getraut, gegen den Willen der Familie ihren Traumberuf zu ergreifen. Sie haben sich von überkommenen Traditionen befreit und animieren diejenigen, die noch in ihnen gefangen sind, es ihnen gleichzutun. Dass sie von den Verteidigern der alten Ordnung abgelehnt werden, kann ihnen nichts mehr anhaben, im Gegenteil: Jede Ablehnung macht sie nur noch stärker, denn der Widerstand der anderen zeigt ihnen, dass sie auf dem richtigen Weg sind.

Alles, was sie tun, erregt Aufmerksamkeit. Ihr Handeln wird durch ihren Widerstand geadelt. Wenn sie Romane lesen, dann faulenzen sie nicht, sondern stillen ihren Hunger nach Bildung. Das selbst verdiente Geld ist ein Symbol für ihre Unabhängigkeit und kein Zeichen ihrer Gier. Ihre rasante Autofahrt durch die Stadt ist Rebellion und keine Umweltverschmutzung. Ihre vielen Liebschaften sind nicht Ausdruck ihrer Beziehungsunfähigkeit, sondern

ihrer Lebenslust. Sie sind eben Vorreiter und keine Egoisten, und der Kampf um ihre eigene Freiheit ist ein Kampf für die Freiheit aller Unterdrückten dieser Welt.
Die Freiheit dagegen ist fad und kompliziert noch obendrein. Wie soll ich wissen, was ich wirklich will, wenn mir nichts verboten wird? Womit kann ich noch Aufmerksamkeit erregen, wenn alles erlaubt ist? So fiel der Musiker Rex Joswig, Gründer und Sänger der Underground-Band »Herbst in Peking«, aus der ehemaligen DDR nach dem Mauerfall in ein Loch. In den siebziger und achtziger Jahren war er berühmt, seine Konzerte immer gut besucht. Legendär war der Ausspruch, mit dem er jeden Auftritt seiner Band eröffnete: »Heute ist der Tag, an dem das System zusammenbricht. Feiern wir diesen Tag!«
Als die Mauer fiel, war das alles vorbei.
In einem Interview mit dem Wirtschaftsmagazin *Brand eins* beschrieb er im Januar 2015, wie es war, als sich seine Rolle als Systemkritiker durch das Ende der DDR erübrigte: »Insofern wurde es mit der Selbstbestimmung im Westen für mich nicht einfacher. Der äußere Feind war weg, aber dafür verschwindest du hier einfach. Für jemanden, der wie ich gehört werden will, ist das schwer. In der DDR war ich eine coole Sau, im Westen nur einer von vielen.«

Es ergibt keinen Sinn zu rebellieren, wenn man frei ist; man würde sich lächerlich machen, wenn man es täte. Kaum bin ich frei, muss ich ganz allein entscheiden, was gut und richtig für mich ist. Doch plötzlich sind nicht nur die Mitstreiter verschwunden – auch das Gute und Richtige scheint es nicht mehr zu geben: Der Flug in die Freiheit vergrößert meinen CO_2-Fußabdruck, das Schweineschnitzel stammt aus der Massentierhaltung, und mit meiner Karriere unterstütze ich ein Unternehmen, das mit seinen Geschäftsmethoden die Ärmsten der Armen noch ärmer macht. Die Eigentumswohnung, in der ich ein selbstbestimmtes Leben führen will, kann ich nur kaufen, wenn die ursprünglichen Mieter rausgeworfen werden. Es gehört zu einer der unangenehmsten Nebenwirkungen von Freiheit, dass ich plötzlich zum Täter werde, also mich schuldig mache, sobald ich anfange, meine Freiheit zu nutzen.

Warum verliert alles seinen Zauber, wenn ich es nicht gegen den Willen eines anderen tun kann?

Nicht umsonst schreibt Immanuel Kant von der Last der Freiheit, mit der so viele Menschen nicht umgehen können. Es ist anstrengend, selbst zu entscheiden, ob ich schon wieder das Auto nehmen oder lieber zu Fuß gehen soll. Ich muss selbst wissen, was besser ist: am Abend auf dem Sofa zu liegen und Romane zu lesen oder zu joggen. Ich muss es vor mir selbst verteidigen können, wenn ich keine Karriere mache – und das, obwohl mir der Moment nicht einfallen will, an dem ich mich dagegen entschieden hätte. Und immer bin ich mir dabei bewusst, dass das Leiden an diesen Entscheidungen zu den Luxussorgen auf dieser Welt gehört.

Alles, was ein freier Mensch tut oder lässt, bekommt eine Bedeutung, meistens eine schlechte: Freie Menschen werden selten bewundert, dafür aber oft kritisiert. Wer die Wahl hat, muss sich für alles, was er sagt und tut beziehungsweise verschweigt und unterlässt, rechtfertigen – und zwar viel mehr als ein Geknechteter vor seinem Herrn für sein Verlangen nach Freiheit.

Aus diesen Gründen, so vermutet Kant, suchen eigentlich freie Menschen lieber die Unmündigkeit, als die Möglichkeiten der Freiheit zu nutzen. Sie machen es anderen leicht, sie zu manipulieren und zu unterdrücken. Ich wünsche mir natürlich nicht ernsthaft, dass man mich in meiner Freiheit beschneidet, nur damit ich spüre, wo es für mich hingehen könnte. Ich will mir nicht vorschreiben lassen, wie ich mich zu kleiden, zu ernähren, zu sprechen und zu leben habe. Als Bürgerin eines demokratischen Staates werde ich mit der Herausforderung der Freiheit fertig. Ich bin bereit, mein Leben in die eigenen Hände zu nehmen und mich mit der anspruchsvollen Aufgabe der Selbstwerdung auseinanderzusetzen.

Wir haben also das seltene Privileg, aus unserem Leben zu machen, was wir wollen. Wir sind umgeben von Menschen, die uns erlauben, ganz wir selbst zu sein, ja die uns geradezu beknien, endlich unseren eigenen Weg zu gehen! Es vergeht keine Stunde am Tag, in der man uns nicht daran erinnert, wie kostbar unser Leben ist und dass es keine wichtigere Aufgabe für uns gibt, als unsere einzigartige Persönlichkeit zur Entfaltung zu bringen.

Und wir können heute alles sein – eine wunderschöne Astronautin, eine fußballbegeisterte Ballerina, ein Superstar, so erzählt es uns zum Beispiel eine junge Frau im neuen Werbespot von Gillette Venus für Damenrasierer. Die Frau springt mit ihren glatt rasierten Beinen in einem 10-Millionen-Dollar-Loft herum und hält kämpferische Reden. Dass sich Frauen in keine Schublade zwängen lassen sollen und dass sie allen, die das versuchen, die Stirn bieten müssen. Steh auf, fordert sie, benutze deinen Kopf, dein Herz, deine Stimme, um diese Schublade zu verlassen und zu zeigen, was du kannst. Während sie das sagt, sieht man junge, perfekt gestylte Frauen auf teure Motorräder steigen, auf Dachterrassen Schlagzeug spielen und in Boutiquen glitzernde Kleider und Schuhe anprobieren. Beim Anblick dieser reichen Erbinnen frage ich mich allerdings, wer überhaupt die Macht hat, sie zu etwas zu zwingen. Das jedoch wird nicht thematisiert. Wichtig ist: Wir könnten eine dieser Frauen sein, wenn wir uns noch heute entschließen, unser wahres Potenzial auszuschöpfen. Natürlich mit perfekt rasierten Beinen!

Entwickle deine einzigartige Persönlichkeit -
aber immer schön mit rasierten Beinen!
Gillette Venus »Use Your And« Werbeclip 2015

»Du bist, was du dir vorstellst zu sein«, mahnt mich ein Graffiti, an dem ich jeden Morgen im Halbschlaf auf dem Weg zur Arbeit vorbeigehe. In der Zeitschrift, die ich in der U-Bahn durchblättere, lese ich, dass man erfolgreicher wird, wenn man mehr auf seine innere Stimme hört. Checke ich in der Frühstückspause meine Mails oder meine Facebook-Seite, dann habe ich schon mindestens ein halbes Dutzend Posts bekommen, in denen ich aufgefordert werde, meinen Träumen zu folgen und ein »Das haben wir schon immer so gemacht« nicht zu akzeptieren. In der Büroküche läuft im Hintergrund ein Radiointerview, in dem eine Frau behauptet, dass sie ihre Lebenszeit nicht mehr damit verschwendet, hinter dem Geld herzurennen. Ihr Tipp für die Hörer: mehr eigene Prioritäten setzen und für die eigenen Wünsche und Bedürfnisse kämpfen. Nach der Arbeit kaufe ich noch schnell im Supermarkt ein, und während ich in der Schlange vor der Kasse warte, fällt mein Blick auf eine Werbetafel, auf der steht: »Nimm dir Zeit, du selbst zu sein.«

Warum wird eigentlich von allen Seiten meine Selbstentfaltung gefordert – wer könnte daran ein besonderes Interesse haben außer mir selbst? Ein Mensch, der mich völlig selbstlos an meine wichtigste Lebensaufgabe erinnert, müsste doch jemand sein, der ein ganz intimes und inniges Verhältnis zu mir hat. Doch die meisten Menschen, die mich zur Selbstentfaltung auffordern, kennen mich gar nicht – offensichtlich sind es völlig Fremde, die das größte Interesse an meiner Selbstwerdung haben.
Natürlich kann ich nicht jede Aufforderung zur Selbstwerdung, die mir im Laufe eines Tages begegnet, ernst nehmen. Dennoch weiß ich, dass ich auf diese eine entscheidende Frage eine Antwort finden muss: Wie würde das Leben aussehen, das wirklich zu mir passt? Und was würde es bedeuten, wenn ich noch heute beschließe, endlich für meine eigenen Wünsche und Bedürfnisse zu kämpfen? All das frage ich mich, während ich zu Hause erschöpft die Einkäufe auspacke und anschließend die dreckige Wäsche in die Waschmaschine stopfe. Wer zahlt meine Miete, wenn ich mir heute Abend und auch gleich noch die nächsten Tage Zeit für mich nehme? Dabei könnte ich diese Zeit brauchen, um endlich einmal in Ruhe darüber nachzudenken, was meine eigenen Prioritäten sind.
An manchen Tagen spüre ich diese wundervolle Aufbruchsstimmung. An solchen Tagen wäre ich bereit, aufzustehen und mich vorbehaltlos zu mir selbst zu bekennen. Aber wenn ich ehrlich bin, muss ich zugeben, dass ich nicht weiß, wie das eigentlich aussehen soll, dieses ganze »Man-selbst-Sein« und »Auf-seine-innere-Stimme-Hören«. Eines ist klar: So, wie ich es mache, macht man es nicht. Statt jeden Morgen zur Arbeit zu gehen und am Abend abgekämpft vor dem Fernseher zu sitzen, sollte ich

endlich den Mut haben, meine Träume in Angriff zu nehmen. Ständig plagt mich ein schlechtes Gewissen, weil ich es nicht tue. Es hebt auch nicht meine Laune, wenn mir Freunde und Kollegen Beispiele zusenden, wie es aussehen kann, wenn man seinen eigenen Weg geht und aus seinem Leben ein Abenteuer macht. Trotzdem schaue ich sie alle an, die Zeitungsartikel und YouTube-Filme, in denen diese leuchtenden Vorbilder porträtiert werden.

Da gibt es einen Mann, der mit seinem Hund durch seine Stadt geht und dokumentiert, was er dabei erlebt, ein anderer komponiert Landschaften mit einer alten Schreibmaschine. Ein Unternehmer verschenkt eines Tages sein ganzes Geld und sagt, dass er sich noch nie so glücklich gefühlt hat, eine Frau lebt ganz allein ein Jahr in der Wildnis, ein Mann ohne Arme und Beine wird zum berühmtesten Schlagzeuger seines Landes. Ein Neunzigjähriger läuft bei einem Marathon mit, eine Frau schreibt mit einhundert Jahren ihr erstes Buch und wird zur Bestsellerautorin, ein Querschnittsgelähmter reist in einem Spezialrollstuhl um die ganze Welt, ein Arzt kündigt seinen Job, geht nach Afrika und rettet dort Tausende Menschenleben, ein Teenager geht shoppen und filmt seine Einkäufe, und nur eine Woche später leitet er sein eigenes Modeimperium. Ein Fleisch essender Moppel wird zum Veggi-Fitness-Guru, ein Todgeweihter erklärt uns, wie schön das Leben ist, eine Frau nimmt 300 Kilogramm in nur zwei Wochen ab, eine andere hat seit fünfzehn Jahren nichts gegessen und lebt immer noch, ein Ehepaar stirbt nach achtzig Jahren Ehe gemeinsam in ihrem Bett, ein fünfzigjähriger Lehrer fällt auf den Kopf, wacht auf und ist plötzlich ein musikalisches Genie – und ICH? WAS MACHE ICH AUS MEINEM LEBEN?!

Wer jetzt nicht seinen eigenen Weg geht, hat verschissen!

Neben diesen Abenteuern sieht mein Leben ziemlich armselig aus. Ich bekomme das Gefühl, das, was ich selbst erlebe, sei banal und langweilig. Mein Verdacht, nicht alles zu wissen, was ich wissen müsste, um ein Leben zu führen, das überhaupt wert ist, gelebt zu werden, wird immer stärker. Gerne würde ich erfahren, wie ich aus meiner fremdbestimmten Existenz aussteigen kann. Was muss ich tun, damit ich endlich das Gefühl habe, dass es losgeht mit dem echten, wilden Leben?

Menschen, die bereits im Besitz dieses kostbaren Wissens sind, sind bereit, ihr Wissen mit mir zu teilen. Sie können Antworten geben, wo ich nur Fragen habe, sie sind die Verfasser der Botschaften, Ratschläge und Ermahnungen, die mir auf Schritt und Tritt begegnen. Sie arbeiten nicht mehr, sie verwirklichen sich selbst, sie haben sich nicht mit ihren Schwächen arrangiert, sie sind sich selbst ihr bester Freund, sie ärgern sich nicht mit ihrem Partner herum, sie lieben. Sie ergreifen ihre Möglichkeiten und schauen mit Mut und Zuversicht in ihre leuchtende Zukunft. Sie wollen auch mich begleiten in MEIN Leben, machen mir allerdings auch klar, dass es noch viel zu tun gibt, bis ich in den Kreis der Freien und Selbstbestimmten aufgenommen werden kann.

EGAL, WIE MEIN LEBEN AUSSIEHT – ICH MUSS ES ÄNDERN!

Ich weiß, was die Benachteiligten dieser Welt nicht wissen: Eine Freiheit, die man nicht nutzt, macht unglücklicher als eine, die man nie hatte. Doch es ist nie zu spät, sich die Freiheit zu nehmen, seinen eigenen Weg zu gehen. Mutige Menschen machen es mir vor. Zum Beispiel der ehemalige Unternehmensberater Tim Schlenzig: Er entdeckte eines Tages, dass ihn seine Arbeit nicht mehr befriedigt, und kaum war ihm dies bewusst geworden, kündigte er seinen Job, um sich von nun an den wirklich wichtigen Dingen zuzuwenden. Das war der Wendepunkt in seinem Leben. Nun berichtet er auf seiner Website www.mymonk.de von diesem Sinneswandel und von seinem neuen Leben. Sein Ziel ist, dass immer mehr Menschen genau wie er auf ihre innere Stimme hören.

Viele Menschen klicken auf seine Website, abonnieren seine Newsletter und erstehen seine E-Books. Hier bekommen sie Anregungen, wie sie sich Stück für Stück dem Leben annähern, von dem sie träumen.

Tim Schlenzig lebt also heute davon, dass er Ratschläge erteilt, wie man all das bekommt, was es in meinem Leben nicht gibt. Eine Arbeit, die Spaß macht und in der ich Erfüllung finde, dazu Geld in ausreichender Menge, viel Zeit für Beziehungen zu besonderen Menschen und Muße für Sport und andere Aktivitäten und natürlich für die Freunde in der ganzen Welt, die mich schätzen, weil ich ein so wunderbares Leben führe.

Du willst dein Leben ändern?
Klicke jetzt hier!

Wie herrlich wäre es, auf der anderen Seite zu stehen. Sich endlich gewiss zu sein, dass man in jedem Moment seines Lebens das Richtige tut. Ich stelle mir vor, wie Tim Schlenzig sich nach der Morgenmeditation an den Schreibtisch setzt und sich Gedanken darüber macht, was ihm wirklich wichtig ist – allerdings nur, wenn ihm danach ist. Wenn er spürt, dass es ihm an diesem Tag mehr Spaß machen würde, einen Spaziergang in der Natur zu machen, so fährt er in den Wald. Braucht er Anregung, greift er zum Telefon und ruft einen seiner interessanten Freunde an, geht mit ihm Kaffee trinken und postet dann, welche interessanten Gedanken ihm und seinem Freund an diesem Nachmittag gekommen sind, und dafür erhält er wieder viele Likes und Dankesmails. Es könnte so einfach sein. Ich hasse Tim Schlenzig.

Ich wünschte, ich würde ihn erkennen, diesen Moment, an dem es Zeit ist, alles hinzuwerfen. Dann würde auch ich ein Vorbild sein und auf Mallorca oder Fuerteventura Kurse geben – in meiner eigenen Villa, versteht sich. Die Leute würden herbeiströmen, um zu hören, was ich zu sagen habe. An lauen Sommerabenden würde ich mit meinen Kursteilnehmern an meinem Privatstrand sitzen und dem Rauschen des Meeres lauschen, und ich würde erklären, dass es nichts weiter braucht als diese einfachen Freuden, um glücklich zu sein. Ich könnte dann mit Fug und Recht behaupten, dass für mich Arbeit und Genuss eins sind und dass es ein Fehler sei, wenn dem nicht so ist – so, wie es sich für mich in Wirklichkeit leider anfühlt.

Jedes Mal, wenn ich von den entscheidenden Wendepunkten im Leben anderer höre, klingt für mich alles so einfach und logisch. Da gibt es die Frau, die mit ihrem Job unzufrieden war und sich nach Feierabend in ihrem Blog über ihren Chef beschwerte. Und weil sie das so lustig tat, hatte sie bald Tausende Leser und lebt heute von den Werbeeinnahmen ihrer Website. Ein Mann wurde reich, weil er seine Katze filmte und dazu von seiner übergroßen Liebe zu diesem Tier sprach. Es muss also kein außergewöhnliches Projekt sein, mit dem sich Menschen aus ihrem unbedeutenden Dasein befreien, sogar das Naheliegende kann alles ändern – wenn ich nur wüsste, was das sein könnte! Das Dümmste, was ich jedenfalls tun kann, ist, einfach so weiterzumachen wie bisher – so die einhellige Meinung der anderen.

Es fühlt sich komisch an, für ein Angestelltengehalt zu arbeiten, wenn man weiß, dass sich ein Vermögen scheffeln lässt, indem man seine Katze filmt.

Natürlich sagt mir kein Lebensberater, Facebook-Freund, Glückscoach oder Ratgeber-Guru, was ich machen soll. Denn das kann ja nur ich selber wissen. Ich könnte Fotomodell oder sogar Popstar sein und das Gefühl haben, mich im falschen Leben zu befinden, und genauso gut könnte ich als Straßenreiniger völlig im Einklang mit mir selbst die Straßen meiner Stadt fegen. Was ich brauche, ist ein klarer Blick dafür, was mir entspricht und was nicht. Leider scheint mir irgendetwas diesen klaren Blick zu verstellen; ich weiß noch nicht einmal, ob ich kurz davor bin, es herauszufinden, oder ob ich an dem Punkt, an dem ich heute stehe, von meinem eigentlichen Lebensziel noch weit entfernt bin.

Doch auch wenn ich den nächsten Schritt noch nicht erkennen kann, will ich aktiv werden. Ich will wissen, was meine wahre Bestimmung ist, warum ich auf der Welt bin

und welches Ziel im Leben sich zu verfolgen lohnt. Deswegen sauge ich die unzähligen Botschaften derer, die offensichtlich bereits das Leben führen, das sie schon immer führen wollten, in mich auf. Ich durchdenke und überprüfe sie in der Hoffnung, irgendwann auf die Botschaft zu treffen, hinter der sich der entscheidende Anstoß, mein Leben zu ändern, verbirgt. Dabei werde ich emotional hin- und hergeworfen. Kaum hat mich die eine Botschaft in Hochstimmung versetzt, werde ich von der nächsten wieder völlig desillusioniert. Manchmal meint man es offensichtlich gut mit mir, und ich werde aufgefordert, an mich und meine Ideen zu glauben, denn dann sei mir auch der finanzielle Erfolg sicher. Keine halbe Stunde später trifft mich unvorbereitet die Mahnung, dass das größte Unglück meines Lebens meine Gier sei. Es gibt offensichtlich keine einzige Lebensweisheit, zu der sich nicht auch eine finden ließe, die genau das Gegenteil besagt, und so werde ich immer verwirrter.
In einem sind sich die Berater, Facebook-Freunde, Glückscoachs und Ratgeber-Schreiber jedoch einig: Ich selbst bin es, die sich in ihrer Freiheit beschneidet und ihr Leben kleiner und ärmer macht. Durch meine Ängste und Bedenken bin ich längst blind geworden für meine eigene Wahrheit; das ist der Grund dafür, warum ich sie nicht erkennen kann. Selbst wenn man mir noch so viele Hinweise darauf gibt!
Ich bin bereit, diese Tatsache anzuerkennen und mich mit meinen Blockaden und Widerständen auseinanderzusetzen, um den klaren Blick für das Wesentliche wiederzugewinnen. Ich bin sogar innerlich darauf vorbereitet, mich der Erkenntnis zu stellen, dass alles, was ich bisher verfolgt habe, meinem wahren Lebensziel nicht förderlich war.

Im Internet erhalten Links mit der Überschrift »Warum die meisten deiner Ziele sinnlos sind« oder »Die 4 Stufen der Entfremdung« Millionenklicks. Das heißt, ich bin nicht allein auf der Suche nach dem wahren Leben. Und weil ich davon ausgehen muss, dass ich mich schon seit Jahren oder Jahrzehnten einer großen Selbsttäuschung hingebe, könnte jede Diagnose über mein Leben und meine Persönlichkeit zutreffen.

Es ist, als stünde immerfort alles auf dem Prüfstand, und bei jedem weiteren Schritt, den ich tun will, geht es um alles. Mir kommt es so vor, als habe sich Immanuel Kants kategorischer Imperativ von »Handle nur nach derjenigen Maxime, durch die du zugleich wollen kannst, dass sie ein allgemeines Gesetz werde« zu »Bedenke in jedem Moment deines Lebens, dass die Entscheidung, die du jetzt triffst, dich den Rest deines Lebens glücklich machen muss« gewandelt.

Das ist der Punkt, an dem sich meine Freiheit längst nicht mehr gut anfühlt. Die vielen Möglichkeiten inspirieren mich nicht, sie erdrücken mich. Von den Erfolgen und Erkenntnissen der anderen habe ich schon längst die Nase voll. Alles, was ich mir wünsche, ist ein einziger Tag, an dem ich nicht vorgeführt bekomme, was ich alles erleben könnte, wenn ich nur den Mut dazu hätte. Vielleicht würde mir dann ja endlich mal einfallen, was ich eigentlich will.

Mein größtes Glück: mich einen Tag lang nicht rechtfertigen müssen.

Ich suche meine wahre Bestimmung und finde sie nicht. Das wäre ja noch zu ertragen, wenn ich nicht von so vielen Menschen umgeben wäre, die offensichtlich mit ihrer Freiheit mehr anfangen können als ich.

Währenddessen rinnt mir die Zeit durch die Finger. Wahrscheinlich werde ich in fünf oder zehn Jahren zurückblicken und mich selbst fragen, wie ich nur mit diesem Job und diesen Menschen meine Zeit verschwenden konnte, wo es doch so viel Besseres gab, das ich hätte stattdessen tun können.

Irgendwo da draußen wartet das echte, große, wilde Leben auf mich, zum Greifen nah und doch unerreichbar. Unerreichbar nicht etwa, weil andere Menschen mich daran hindern würden, meine Lebenszeit klug und sinnvoll zu nutzen, sondern weil ich mir selbst im Weg stehe. Und das ist das Schlimmste daran.

2
GUT IST MIR NICHT GUT GENUG!
VON DER LAST, DAS RICHTIGE TUN ZU WOLLEN

*Eines Tages wird alles gut sein,
das ist unsere Hoffnung.*
Voltaire

Meinen Eltern ging es damals in den siebziger Jahren besser als uns, denn als sie jung waren, wussten sie noch nicht, dass sie vor allem ihre Träume leben sollen. Sie hatten auch so genug zu tun. Sie waren bereits mit Anfang zwanzig eingeschnürt in ein Korsett aus arbeiten gehen, Kinder versorgen, Wäsche waschen, einkaufen und kochen. Kein Wunder, dass sie sich unfrei fühlten. Und weil sie nicht automatisch davon ausgingen, dass ihr Gefühl eine Täuschung war, dass sie sich also unfrei fühlten, während sie in Wirklichkeit frei waren, kann man sagen, dass sie mit sich im Reinen waren.
Wir, meine Mutter, mein Vater, meine Schwester und ich, lebten in einem Dorf in der Lüneburger Heide. Meine Eltern arbeiteten im Schichtdienst in einem Krankenhaus in einer nahe gelegenen Kleinstadt, sodass jeweils einer von ihnen am Nachmittag zu Hause sein konnte.
Eine Woche stand meine Mutter um fünf Uhr morgens auf, die andere mein Vater. Wir wurden nur wenig später geweckt. Jeden Morgen quälten meine Schwester und ich uns aus dem Bett, putzten uns im Halbschlaf die Zähne und gingen anschließend in die ungeliebte Schule. Am Nachmittag wärmten wir das Essen auf, das derjenige gekocht hatte, der gerade Spätschicht hatte. Irgendwann kam meine Mutter oder mein Vater von der Frühschicht zurück, kontrollierte unsere Hausaufgaben, wusch die

Wäsche, führte den Hund aus, deckte den Abendbrottisch. Zu dritt aßen wir zu Abend, schauten fern und gingen schlafen. In der Nacht hörten wir den jeweils anderen von der Spätschicht heimkommen. Am nächsten Morgen begann alles wieder von vorn.
Und im Gegensatz zu unseren Nachbarn verdienten meine Eltern gerade genug Geld, um die Miete, das Essen und unsere Schulsachen zu bezahlen. Wie hart sie auch arbeiteten, für ein Reihenhaus oder einen Neuwagen reichte es nie. Und selbst wenn es gereicht hätte: Ein Reihenhaus und ein Auto wären viel zu wenig gewesen für ein vergeudetes Leben.
Nichts deutete darauf hin, dass sich im Leben meiner Eltern jemals etwas ändern würde. Wenn meine Eltern Glück hatten und ihre Arbeit nicht verloren, dann würden sie so weitermachen bis zur Rente.
Doch es gab einen Ausweg. Irgendwann würde sie kommen, die große Erschütterung der Gesellschaft, so wie Karl Marx sie vorausgesagt hatte. Allerdings würde die Umwälzung nicht in den Industrieländern stattfinden, denn die Arbeiter in Europa hatten keine Lust mehr, gegen ihre Unterdrücker aufzustehen, sie waren nämlich bestochen worden – mit Reihenhäusern, Autos und Waschmaschinen. Dieser bescheidene Wohlstand hatte ihren Verstand derart benebelt, dass sie keinen klaren Blick mehr auf die Verhältnisse hatten und das kapitalistische System für das beste aller Systeme hielten, welches sie notfalls sogar mit ihrem Leben verteidigen würden.
Die Hoffnung meiner Mutter lag woanders: Die Revolution werde von den Dritte-Welt-Ländern ausgehen, erklärte sie uns am Abendbrottisch. Die Menschen dort hätten die Macht, alles zu verändern, und wir, die Benach-

teiligten der Ersten Welt, müssten uns auf diesen Tag vorbereiten. Bald, so versprach sie uns, würden die Menschen in der Dritten Welt aufstehen und uns befreien aus unserem langweiligen, kleinbürgerlichen Leben.

Unsere Aufgabe war es, im richtigen Moment die Fackel der Revolution weiterzutragen. Auf diesen Tag richtete sich meine ganze Sehnsucht. Ich wünschte mir den Tag der Befreiung beim morgendlichen Zähneputzen herbei, ich träumte vom Aufstand auf dem Weg zur Schule und beim Wäscheaufhängen im Garten. Bald würden wir in unserer Straße Barrikaden errichten, das neue Auto vom Nachbarn anzünden und auf dem Dach der Feuerwache gegenüber die Fahne der Freiheit hissen.

Diese Vorstellung tröstete mich, wenn ich bei Sonnenschein in der Schule saß und Dinge lernen musste, die mich nicht interessierten. Sie tröstete mich, wenn ich bei Regen in der Turnhalle mit meinen Mitschülern im Kreis herumlaufen musste. Wie lächerlich und sinnlos war das alles, und wie großartig wäre es, wenn wir endlich aus unseren stickigen Klassenzimmern stürmen könnten, um den Unterdrückten aller Rassen und Klassen auf den Straßen die Hände zu reichen. Mit ihnen würden wir unser Dorf verlassen, ohne ein Gefühl des Bedauerns. Mit ihnen würden wir in unbekannte Städte ziehen und neue Menschen kennenlernen, die wie wir genug davon hatten, jeden Morgen früh aufzustehen und Dinge zu tun, die keinen Spaß machten.

An dieser Vorstellung hielt ich mich fest, denn die Gewissheit, dass all dies unter Vorbehalt stattfand, machte meinen Alltag erträglicher. Was mich allerdings wunderte, war, dass meine Mutter mich nach den Elternabenden regelmäßig ermahnte, ich solle mich in der Schule mehr anstrengen. Wozu sollte ich mehr als das Notwendige tun, wenn es doch bald keine Schule, keine Turnhalle und keine Zeugnisse mehr gäbe? Aber offenbar meinten meine Eltern, sich bis zum Partisanenkampf unauffällig verhalten zu müssen.

Es war mein Großvater, der ahnte, dass wir uns alle verstellten, und wohl befürchtete, wir würden nicht mehr lange durchhalten. Jeden Sonntag rief er bei uns an, und wenn ich oder meine Schwester den Hörer abnahmen, dann fragte er uns aus: Ob die Mama und der Papa auch regelmäßig zur Arbeit gingen, ob sie Alkohol tranken oder oft krank waren. Und wir – waren wir auch jeden Morgen pünktlich in der Schule? Sobald meine Mutter hörte, dass wir am Telefon brav Auskunft gaben, riss sie uns den Hörer aus der Hand. Sie war wütend, dass wir ihrem Vater so widerstandslos Rede und Antwort standen, und sie fragte uns, ob wir denn keinen Stolz hätten. Der Stolz dem eigenen Großvater gegenüber war wohl eines der wenigen Dinge, die wir uns in diesen erniedrigenden Zeiten bewahren sollten.

Wie lange würden wir warten müssen, bis eine ganz andere Gesellschaft kommen würde? An den Wochenenden fuhren unsere Nachbarn zum Tennisturnier, wir fuhren nach Hamburg zur großen Friedensdemo, die Nachbarskinder lernten Blockflöte und Klavier, meine Mutter las uns über das Leben von Che Guevara vor. Später hörten meine Klassenkameraden Madonna und Prince, wir hörten zu Hause immer noch Arbeiterlieder. Im Dorf spendeten alle für Äthiopien, meine Eltern gaben Geld für Nicaragua.

Ich fragte mich, ob eigentlich auch die anderen auf den großen Knall warteten. Es gab keinen Anlass zu vermuten, dass sie im Gegensatz zu uns damit zufrieden waren, tagein, tagaus das Gleiche zu tun. Oder konnte es sein, dass die Bäckereiangestellte sich tatsächlich nichts weiter vom Leben wünschte, als bis ans Ende ihrer Tage Kuchen und Brötchen für ihren Chef zu verkaufen? War es möglich, dass unsere Lehrer, unser Hausarzt und die Supermarktkassiererin es sogar begrüßen würden, wenn die nächsten Jahrzehnte in unserem Dorf nichts Aufregendes und Interessantes mehr passierte?

Was immer sich die Bäckersfrau heimlich erträumte, wir wären die Letzten, mit denen sie darüber reden würde. Wenn wir ihren Laden betraten, reichte sie uns Brötchen und Brote stets kommentarlos über die Theke, trafen wir sie auf der Straße, grüßte sie nicht. Allein die Aufkleber mit der Friedenstaube und dem »Atomkraft? Nein danke!« auf unserem Auto reichten aus, um uns im Dorf verdächtig zu machen.

Schon lange bevor ich mein Abitur machte, hörte ich auf, an die Revolution zu glauben. Irgendwann hatte sie sich abgenutzt und verflüchtigt, die Erwartung des großen Moments, in dem wir begreifen würden, was das Schicksal von uns verlangt. Die Vorstellung von einer besseren Welt war so abstrakt geworden wie der Satz auf dem Che-Guevara-Plakat, das in unserem Wohnzimmer hing: »Verwandelt euren Hass in Energie.« Es irritierte mich auch nicht mehr, dass just vor diesem Plakat das Bügelbrett stand, auf dem meine Mutter unsere Hosen und T-Shirts bügelte, denn mindestens ebenso wichtig wie Freiheit und Gerechtigkeit war ihr, dass wir stets ordentlich gekleidet aus dem Haus gingen.

> *Verwandle deinen Hass in faltenfreie Unterwäsche!*

Als ich das Abitur hatte und endlich von zu Hause weggehen konnte, zog ich in die Stadt. Ich überlegte, was ich tun sollte. Mein sehnlichster Wunsch war es, etwas zu tun, was eine Bedeutung hat, etwas, wovon man in hundert oder zweihundert Jahren noch sprechen würde. Niemals wollte ich so wie meine Eltern eine Arbeit machen, für die sich überhaupt kein Mensch interessierte und für die man überhaupt keine Anerkennung erhielt.

Ein vernünftiges Studium oder eine normale Berufsausbildung kamen gar nicht infrage. Wenn nicht etwas Besonderes daraus werden konnte, brauchte ich gar nicht damit anzufangen. Warum sollte ich gleich von Anfang an den Durchschnitt anstreben? Und wenn für mich in diesem Leben nicht mehr als der Durchschnitt vorgesehen war, würde sich das noch früh genug herausstellen. Ich spielte mit dem Gedanken, Forscherin zu werden und ein bis dato ungeklärtes wissenschaftliches Rätsel zu lösen. Oder sollte ich lieber eine neue Kunstrichtung begründen, eine politische Partei ins Leben rufen oder avantgardistische Mode entwerfen? Ich könnte auch bisher unbekannte Landstriche und Tiere entdecken. Alles, was die Möglichkeit in sich barg, damit berühmt zu werden, war für mich interessant.

Ich jobbte in einem Café, besuchte verschiedene Vorlesungen an der Universität und fand langsam heraus, dass mein Vorhaben nicht ganz einfach war. Jede Idee, die mir in den Kopf kam, hatten andere schon längst umgesetzt. Niemals mehr würde ich das Penicillin oder den Stein von Rosette entdecken, als erste Frau über den Atlantik fliegen, etwas Bahnbrechendes über die Psyche des Menschen herausfinden, das erste abstrakte Gemälde malen, den Bikini entwerfen oder den Reißverschluss erfinden.

Meine Generation, las ich bald in den Feuilletons, leide unter ihren vielen Möglichkeiten. Weil mir und meinen Altersgenossen im Prinzip alle Lebenswege offenstünden, hätten wir Probleme, uns für einen zu entscheiden, und je länger wir uns nicht entscheiden könnten, desto größer würde unsere Angst, durch zu langes Zögern die besten Chancen zu verpassen. Ich aber empfand genau das Gegenteil: Die Möglichkeiten, mit irgendetwas noch Beachtung zu finden, schwanden, denn schließlich wurden die alten Kunstwerke, Erfindungen, Produkte, Bücher, Musikstücke und Filme nicht wieder vernichtet. Gleichzeitig wuchs die Konkurrenz: Immer mehr Menschen wollten Designer, Erfinder, Filmemacher, Musiker, Sportler oder Politiker werden – und diese Menschen hatten ihre Kindheit nicht mit Tagträumen und der Lektüre von Che Guevara verbracht. Sie waren geritten, hatten Ballett, Flötespielen und Italienisch gelernt, lauter Dinge, die sie heute gut gebrauchen konnten. Wie also könnte ich mit meinen ziemlich durchschnittlichen Talenten noch Geschichte schreiben?

> *Was mache ich, wenn die Welt schon alles gehört, gesehen und erlebt hat?*

Du musst dich beeilen mit deinem Biologiestudium, sagten meine Eltern, als ich sie in den Semesterferien besuchte. Wir haben uns von dem Geld, das euer Opa uns hinterlassen hat, einen Anteil an einer Ferienanlage gekauft. Es sei ein langer innerer Kampf gewesen, bis sie sich den bourgeoisen Wunsch nach Privatbesitz eingestanden habe, fügte meine Mutter hinzu. Doch dann hätten sie zugegriffen. Der Hund saß neben ihr auf dem Sofa, das Che-Guevara-Plakat war gegen einen Kunstdruck von Monet

ausgetauscht worden, die Revolution war einfach ausgeblieben. Die Hoffnung meiner Eltern auf ein besseres Leben bezog sich jetzt auf die Zeit nach ihrer Pensionierung. »Weißt du schon das Neueste, Rebecca, wir nehmen jetzt Tennisunterricht.«
Hätten meine Eltern früher erkannt, dass es auf die Rente und das Ferienhaus hinausläuft, dann hätten sie sich darauf konzentrieren können, dafür zu sorgen, eine möglichst hohe Rente und ein möglichst großes Ferienhaus zu bekommen. Sollte ich also lieber doch schon jetzt die Einsicht in die Notwendigkeit haben und alles daransetzen, mir einen möglichst guten Platz in dieser Gesellschaft zu erobern? Aber wäre es genug, davon zu träumen, dass es mir damit am Ende vielleicht ein bisschen besser geht als meinen Eltern? Da mir nichts Besonderes einfiel, beschloss ich, in der Zwischenzeit mein Studium fortzusetzen, das mich nicht gerade überforderte. Allerdings bedeutete das, wieder ein Leben unter Vorbehalt zu führen, in die Universität zu gehen, in einem Seminarraum oder einem Labor zu sitzen, zu lernen, Hausarbeiten zu schreiben, Prüfungen zu machen – und davon zu träumen, alles stehen und liegen zu lassen, sobald ich nur wüsste, wofür. Mir kam es vor, als würde ich auf einen Lottogewinn warten – allerdings, ohne jemals einen Lottoschein auszufüllen.

EINE FREIHEIT, DIE KEINE IST.

Meine Eltern haben sich vor vierzig Jahren die Freiheit genommen, mit ihrem Leben unzufrieden zu sein. Heute würde man sich dagegen ins gesellschaftliche Aus katapultieren, wenn man mit seiner beruflichen Situation derart hadert wie meine Eltern und sich obendrein die Befreiung daraus von außen erhofft. Niemand zwingt uns schließlich dazu, die falsche Ausbildung zu machen, die falsche Arbeit anzunehmen, den falschen Partner zu wählen, die falschen Kinder zu bekommen und für die falschen Dinge unser Geld auszugeben. Wir können niemanden für unsere Situation verantwortlich machen als uns selbst. Sich unzufrieden fühlen, das dürfen heute nur noch die Ärmsten der Armen, die, in deren Land Krieg und Hunger herrschen oder die in Fabriken für ein Almosen schuften und keine Wahl haben. Menschen, die, wenn sie sich wehren würden, ins Gefängnis gesperrt, gefoltert und ermordet würden. Wir dürfen das nicht. Und wenn wir es dennoch tun, fühlen wir uns schuldig.

Wenn wir das Gefühl haben, dass sich etwas in unserem Leben ändern sollte, dann müssen wir überlegen, wie wir diese Veränderung herbeiführen können. Das ist die Revolution heute, sie findet in uns selbst statt, und wir nehmen sie selbst in die Hand. Wir sollten bereit sein, für unser Glück die Verantwortung zu übernehmen, daran gemahnen nicht nur Motivationscoachs wie Tim Schlenzig, sondern auch Frauenzeitschriften, konservative Politiker, Hollywoodfilme und Werbespots.

Sind Menschen frei, die sich dauernd schuldig fühlen?

Selbstverständlich hat jeder Mensch Momente im Leben, in denen er nicht besonders glücklich ist, aber länger anhaltende Unzufriedenheit ist ein Weckruf, den man nicht überhören sollte. Dieser Weckruf begleitet mich nun schon ein Leben lang. Was ich auch gemacht und erlebt habe, nie hat es mich langfristig zufriedengestellt. Im Grunde genommen lässt sich mein Leben als eine Kette von Enttäuschungen beschreiben, denn alles, das heißt meine Jugend, die Liebe, das Studium, die Karriere, Reisen und Partys, habe ich mir anders vorgestellt.

Wie viele Studiengänge müsste ich noch beginnen und wie viele falsche Entscheidungen würde ich noch treffen, bis ich ihn endlich gefunden hatte, den richtigen Weg? Bei allem, was ich tat, horchte ich in mich hinein, ob es mich auch glücklich und zufrieden machte, und brach die Sache ab, sobald ich das Gefühl hatte, dass dies nicht der Fall war. Auch meine ständig wechselnden Kommilitonen kämpften um ihr Glück. Niemand um mich herum glaubte allen Ernstes, dass es ihn glücklich machen würde, einen gewissen Status zu erlangen. An der Universität sprachen wir oft darüber, dass man sich bei allen seinen Lebenszielen überlegen sollte, ob es das war, was man wirklich wollte, oder ob man lediglich *glaubte,* es zu wollen. Jeder beteuerte, dass es ihm nicht darauf ankäme, in dreißig Jahren viel Geld zu verdienen, vielmehr wollten alle in dreißig Jahren mit sich zufrieden sein.

Es reichte also längst nicht mehr, Ärztin zu werden, sondern ich müsste eine zufriedene Ärztin werden. Es wäre auch nicht genug, Lehrerin zu sein, sondern ich müsste eine Lehrerin sein, die von ihrer Aufgabe erfüllt ist. Wäre ich Schauspielerin, dann müsste ich selbst bei unterbezahlten Engagements in Off-Theatern mit voller Überzeugung sagen können, dass es genau das sei, was ich mir wünschte. Diese Gewissheit, die richtige Wahl getroffen zu haben, würde entscheiden, wer später von uns als erfolgreich gelten würde.

Als gescheitert empfanden wir dagegen Menschen, die einen Beruf ausübten, den sie nicht besonders liebten, um davon Dinge zu bezahlen, die sie eigentlich gar nicht haben wollten, nur um vor anderen gut dazustehen. Denn das Schlimmste, was man machen kann – da waren wir uns einig –, war, sich den Erwartungen anderer zu unterwerfen. Lieber ein selbstbestimmter Taxifahrer als ein fremdbestimmter Chefarzt.

> Aber kann man mit Zufriedenheit seine Miete bezahlen?

Leider war für mich die Sache nicht so einfach. Mein Biologiestudium war eher eine Verlegenheitswahl gewesen, daher war ich erleichtert und glücklich, als ich endlich an der Kunstakademie angenommen wurde. Leichten Herzens gab ich die Biologie auf. Mich erfüllte nun der Traum, eine berühmte Malerin zu werden. Ich wollte Bilder malen, die aufwühlen, Tabus brechen und unbequem sind. Doch die Vorstellung, eine unbekannte Malerin zu sein, Galeristen zu beknien, mich auszustellen und dann zu hoffen, dass irgendwann ein potenzieller Käufer oder ein bekannter Kunstkritiker zur Vernissage kommt, nebenbei Taxi zu fahren, um damit mein Hartz IV aufzustocken, erfüllte mich schon weniger. Im ersten Fall konnte ich mir vorstellen, mit meinem Schicksal einigermaßen zufrieden zu sein, im Letzteren wusste ich mit Sicherheit, dass ich es nicht wäre.

Und genau das stürzte mich in ein Dilemma, denn mir

war klar, dass es mir nicht um die Anerkennung von außen gehen DURFTE. Künstler zu sein war eine Bestimmung. Ein Künstler schafft Kunst, weil er muss, und es kümmert ihn nicht, ob er dafür von dritter Seite entlohnt wird. Für diese heldenhafte Abkehr von jeder Bestätigung wird er schließlich bewundert. In wie vielen Varianten hatte ich sie schon gehört, die Geschichte der Tänzerin, des Malers und des Schriftstellers, die erst am Ende ihres Lebens entdeckt wurden und die beteuerten, dass der späte Ruhm für sie gar keinen Unterschied mache, denn zu tanzen, zu malen und zu schreiben oder in der Welt herumzufahren und mit Tibetern und Aborigines zusammenzuleben, wie die Künstlerin Marina Abramović und ihr Lebensgefährte Ulay, war ihnen immer Erfüllung genug gewesen. Was immer sie getan haben, sie haben es stets für sich und die Kunst getan.

In dem Moment, in dem ich mich also von dem Bedürfnis nach Anerkennung befreite, würde ich mir diese verdienen. Dieses Paradox galt es aufzulösen. Wenn mir das gelang, würde mir das den Nimbus eines Lebenskünstlers verleihen. Dann hätte ich es, so wie die anderen Lebenskünstler, nicht mehr nötig, hinter den falschen Dingen herzulaufen, dann müsste ich nicht mehr nachdenken, was falsch und richtig wäre, denn alles Falsche würde sich von selbst auflösen, und alles, was ich tat, würde ganz von allein aufrichtig und wahrhaftig sein.

Eines Tages, als ich die Kunst aufgegeben hatte und Psychologie studierte, las ich über ein Experiment, welches mit amerikanischen Studenten durchgeführt worden war. In diesem Experiment bekamen die Studenten während der Semesterferien einen Job angeboten, sie sollten in einer Manufaktur Knöpfe sortieren. Die Studenten wussten nicht, dass es sich um einen Test handelte. Es gab drei Gruppen. Die erste Gruppe erhielt für das Sortieren der Knöpfe 7,50 Dollar die Stunde, also einen normalen Stundenlohn, die zweite Gruppe bekam für die gleiche Tätigkeit 15 Dollar die Stunde, also doppelt so viel. Der dritten Gruppe jedoch zahlte man für den Aushilfsjob die damals unglaubliche Summe von 50 Dollar die Stunde. Hinterher wurden die Studenten befragt: Wie hatte ihnen die Arbeit gefallen, wie bewerteten sie die Stimmung in der Manufaktur, würden sie diese Arbeit nächstes Jahr noch einmal machen?

Die Studenten der ersten Gruppe antworteten, dass sie den Job okay fanden, aber nicht wüssten, ob sie ihn in den nächsten Semesterferien wieder annehmen würden. Die zweite Gruppe beschrieb die Stimmung unter den Mitarbeitern als prima und fragte, ob sie sich für die nächsten Jahre anmelden könne. Die dritte Gruppe sagte: Wir haben jede Minute genossen und würden gern bis ans Ende unseres Lebens Knöpfe sortieren!

Dieses Forschungsergebnis beschäftigte mich. Ich stellte mir vor, ich hätte ebenfalls an diesem Experiment teilgenommen, und zwar in Gruppe drei, hätte die Knöpfe sortiert und das Geld auf meinem Konto gezählt.

Was hätte ich anschließend in der Befragung geantwortet? Vermutlich dasselbe wie damals die amerikanischen Studenten. War das das Erbe meiner Vergangenheit, der Einfluss meiner Eltern, die nie genug Geld hatten und daher automatisch Reichtum mit einem besseren Leben verknüpften? War *das* der Irrtum, der mir den Blick auf meine wahre Bestimmung verstellte?

3
UND WAS, WENN GELD DOCH GLÜCKLICH MACHT?
AUF DER SUCHE NACH EINER VERLORENEN UTOPIE

*Das Geld, das man besitzt, ist das Mittel
zur Freiheit, dasjenige, dem man nachjagt,
das Mittel zur Knechtschaft.*
Jean-Jacques Rousseau

Mitte des 19. Jahrhunderts konnte der älteste Sohn des Textilfabrikanten Friedrich Engels erleben, wie in den vielen Textilmanufakturen in Wuppertal-Barmen eine ganze Generation zu Krüppeln gemacht wurde. An den Web- und Klöppelmaschinen in ihren Wohnungen arbeiteten die Menschen vierzehn Stunden am Tag oder länger für einen Lohn, der kaum zum Leben reichte. In den Manufakturen waren die Arbeitszeiten nicht kürzer. Manche Maschinen waren so konstruiert, dass sie nur von Kindern bedient werden konnten, denn Kindern musste man nicht einmal die Hälfte zahlen. Und auch der Baumwollfabrikant Friedrich Engels (senior) kam gar nicht auf die Idee, auf diese billigen und gefügigen Arbeitskräfte zu verzichten, denn er war ein Geschäftsmann, der rechnen konnte. Die monotonen Bewegungen über viele Stunden zerrieb den Kindern die Gelenke, sodass sie Arthritis hatten, bevor ihre Körper ausgewachsen waren. Der Lärm der vielen Maschinen zerstörte nach und nach ihr Gehör, der Staub von Kohle und Baumwolle setzte sich in ihren Lungen fest, geriet ihnen ein Finger beim Reinigen und Ölen der Maschinen oder beim Auswechseln der Garne in die hämmernden Apparaturen, dann wurde die durch ihr Blut verdorbene Ware den Eltern vom Lohn abgezogen. Die meisten von ihnen lernten nie richtig Lesen und Schreiben, ihr Schicksal war die Fabrik.

Kaum ein Fabrikbesitzer fühlte sich damals schuldig, weil er reich wurde, indem sich andere Menschen für ihn buchstäblich zu Tode schufteten. Im Gegenteil, die meisten Fabrikbesitzer waren davon überzeugt, dass sie insbesondere den Kindern etwas Gutes taten, weil sie durch die Fabrikarbeit von Müßiggang und Bettelei abgehalten wurden. Waren die Unterschiede zwischen Arm und Reich nicht gottgewollt? Wie also sollte man daran etwas ändern? Doch der Sohn eines der reichsten Männer Wuppertals, Friedrich Engels junior, konnte und wollte keine göttliche Ordnung darin erkennen, was er in den Produktionshallen seiner Heimatstadt sah. Der Zwanzigjährige schrieb auf, was er über die Verhältnisse dachte: »Die reichen Fabrikanten aber haben ein weites Gewissen, und ein Kind mehr oder weniger verkommen zu lassen bringt keine Pietistenseele in die Hölle, besonders wenn sie alle Sonntage zweimal in die Kirche geht.«

Die Ungerechtigkeit lag für ihn klar auf der Hand. Auf der einen Seite waren die Menschen, die ihre Arbeitskraft verkaufen mussten und deren Leben nichts zählte, und auf der anderen Seite waren die, die davon profitierten. Dort waren die Kinder, die nachts auf dem Weg nach Hause vor Erschöpfung zusammenbrachen, hier war er, der Sohn des Fabrikbesitzers, der genug zu essen bekam und in einem eigenen Bett schlief. Der nicht nur Lesen und Schreiben, sondern auch noch fremde Sprachen lernte und jedes Mal reichlich beschenkt wurde, wenn der Vater von seinen Geschäftsreisen aus England zurückkehrte. Es blieb der Konflikt seines Lebens. Friedrich Engels junior lebte von dem Geld, das seine Eltern ihm gaben beziehungsweise welches er später selbst als Unternehmer verdiente. Es ermöglichte ihm zu reisen, zu schreiben und natürlich seinen Freund Karl Marx zu unterstützen.

»Und wenn ich die Gelegenheit habe, noch eine weitere Million zu machen«, schrieb er seinem Freund aus Manchester, »um mit diesem Geld die Sache der Arbeiter voranzubringen, so will ich das tun.« Während er also in Manchester, dem damals wichtigsten Zentrum der Industrialisierung, in der Baumwollspinnerei Ermen & Engels die Interessen seines Vater vertrat, schrieb er gleichzeitig ein Buch, welches durch sein deutliches Bekenntnis zu einem Skandal wurde.

»Ich werde den Engländern ein schönes Sündenregister zusammenstellen; ich klage die englische Bourgeoisie vor aller Welt des Mordes, Raubes und aller übrigen Verbrechen in Masse an!«, kündigt er Karl Marx im November 1844 die Arbeit an seinem Buch »Die Lage der arbeitenden Klasse in England« in einem Brief an.

In diesem Buch beschrieb er das Elend der englischen Arbeiter, ihren Hunger, ihre Krankheiten, die hohe Kindersterblichkeit. Er beschrieb ihre Abhängigkeit von den Fabrikbesitzern, in deren Hallen sie zugrunde gingen. Er schilderte die Willkür, der sie ausgesetzt waren, und was aus Menschen wurde, die nur als Räder im Getriebe angesehen wurden. Das Schlimmste jedoch war die Ausweglosigkeit ihrer Situation. Die Proletarier machten die Reichen noch reicher und verelendeten dabei in bisher nie gekanntem Ausmaß. Es war die Utopie von Friedrich Engels, diese Abhängigkeit zu beenden.

Fünfundachtzig Jahre bevor das Buch des jungen Friedrich Engels erschien, hockte in Frankreich ein Kind namens

Joseph Marie auf dem Webstuhl seines Vaters und hob und senkte die Kettfäden, je nachdem, wie es das Muster erforderte, das gerade gewebt wurde. Es war eine schreckliche Arbeit, bei jedem Durchschuss von Hunderten parallel laufenden Kettfäden die jeweils richtigen zu erwischen, eintönig und anstrengend zugleich, denn machte der Strippenzieher einen Fehler, war das Muster ruiniert. Joseph-Marie Jacquard hasste diese Arbeit, er hasste sie so sehr, dass er sich schwor, eines Tages etwas zu erfinden, womit man die Arbeit eines Strippenjungen überflüssig machen könnte.

Er machte eine Lehre als Buchbinder, und als er nach dem Tod seiner Eltern die Weberei erbte, begann er mit verschiedenen Konstruktionen zu experimentieren. Seine Forschungen wurden durch die Französische Revolution unterbrochen, und er verarmte völlig. Die Wundermaschine, die ihn berühmt machen würde, genauso wie die komplizierten Muster, die plötzlich möglich waren, entstand erst ein Vierteljahrhundert später.

Joseph-Marie Jacquard kam auf die Idee, die Kettfäden durch ein Endlosband aus zusammengenähten Lochkarten zu steuern. Die Lochkarten wurden von Nadeln abgetastet. Jede einzelne Lochkarte enthielt die Information, wie die Kettfäden bei einem Durchschuss zu heben und zu senken waren, jedes Lochkartenband die Anweisung für ein ganzes Muster, welches sich immer wieder verwenden ließ.

Als er im April 1805 den ersten Webautomaten in Paris vorstellte, war jedem sofort klar, was das bedeutete. Diese Maschine würde die Textilherstellung in Europa revolutionieren. Was dort auf der Industrieausstellung vor den Besuchern stand, war aber mehr als eine automatische Musterwebmaschine, es war im Grunde der erste Computer der Welt. Napoleon Bonaparte war von der Erfindung so begeistert, dass er Jacquard eine lebenslange Leibrente zusicherte. 1810 erhielt der Sohn eines Webers das Kreuz der französischen Ehrenlegion. Er war achtundfünfzig Jahre alt und hatte für den Rest seines Lebens ausgesorgt. Die Jacquard-Webstühle setzten sich nach und nach in ganz Europa durch. Auch der Vater von Friedrich Engels ließ sich einen Jacquard-Webstuhl aus England nach Wuppertal-Barmen kommen. Es waren die verzweifelten Weber, die Jacquards Erfindung mit allen Mitteln bekämpften. Sie fürchteten um den Verlust ihrer Arbeit, die – war sie noch so eintönig und schwer – das Einzige war, was sie hatten. Jacquard wurde von ihnen verfolgt, angegriffen, verklagt. Seine Maschine wurde verbrannt und sogar symbolisch auf der Guillotine hingerichtet. Doch ihr Siegeszug war unaufhaltsam. Tausende standen bald in den Werkhallen in England und Frankreich und vergrößerten den Reichtum derer, die sich so eine kostbare Maschine überhaupt leisten konnten.

Sich selbst von seinem Schicksal zu befreien, durch eigene Kraft, durch Forschergeist und Hartnäckigkeit – Joseph-Marie Jacquard hatte das geschafft, wonach wir uns bis heute sehnen. Zudem wiegt die glückliche Karriere eines Webersohns so viel mehr als etwa der Erfolg eines Sprösslings einer reichen Textildynastie. Auch weil er selbst einen hohen Preis dafür zahlte. Schließlich nahm er keine Rücksicht auf die, deren Schicksal er doch nur zu gut kannte, und verzichtete ihnen zuliebe nicht auf die Erfindung der Musterwebmaschine. Es wäre absurd gewesen und sinnlos dazu, wenn er sich stattdessen dauernd gefragt hätte, was er tun solle, damit es endlich losginge mit dem echten, wilden Leben.

Mitte des 19. Jahrhunderts erreichte die Industrialisierung auch in Deutschland ihren Höhepunkt, immer mehr Maschinen wurden entwickelt, und immer mehr Menschen mussten diese Maschinen bedienen. Nicht viele hatten in dieser Zeit die Möglichkeit, ihrem Schicksal zu entkommen, etwas Neues zu schaffen und damit ihr Leben völlig zu verändern. Und damit nicht etwa nur Not und Elend zu überwinden, sondern sogar reich zu werden. Es gehörte eben nicht nur Mut dazu; viele Dinge mussten zusammenkommen, damit ein Mensch die Chancen, die er eigentlich gar nicht hatte, nutzen konnte. Ein Mindestmaß an Bildung, Glück, Hartnäckigkeit und ein starker Wille.

Millionen von Menschen aus Deutschland, England und Irland setzten alles auf eine Karte und wanderten nach Amerika aus. Sie brachen in eine ungewisse Zukunft auf, doch sie wussten eines: In Amerika konnte es nicht schlimmer sein als an dem Ort, den sie verließen. Die, die nicht auswanderten, blieben Verfügungsmasse für die neuen Herren der Welt, die Fabrikbesitzer.

Doch die Forderung nach besseren Lebensbedingungen war nicht aufzuhalten. Der Widerstand der Arbeiter formierte sich, es gab Proteste, Streiks und Maschinenstürmerei, sie forderten höhere Löhne, Arbeitszeitverkürzung, Absicherung bei Unfall und Krankheit. Nicht wenige Arbeiter bezahlten dafür mit ihrem Leben.

Viele Kämpfe, insbesondere in England, waren notwendig, um zu erstreiten, dass Kinderarbeit eingeschränkt und die Arbeitszeit wenigstens für Jugendliche auf zwölf Stunden am Tag reduziert wurde, dass Wöchnerinnen nicht Tag und Nacht arbeiten und Arbeiterfamilien nicht mehr in Slums leben mussten. Doch kann man solcherlei Zugeständnisse die Erfüllung eines Traumes nennen? Träumt man nicht eher von einer Zeit, an der man keine einzige Stunde mehr in einer lauten, dreckigen Werkshalle oder unter Tage schuften muss? Denn selbst unter menschenwürdigen Bedingungen – etwa in der Baumwollspinnerei Robert Owens, einem Musterbetrieb in New Lanark, in dem den Arbeitern bereits Anfang des 19. Jahrhunderts so viele bisher unbekannte Privilegien gewährt wurden, dass er von Zaren und Fürsten aus aller Welt besichtigt wurde, machten zehn Stunden Fabrikarbeit keinen Spaß.

Für andere Menschen zu arbeiten und für die verschwendete Lebenszeit mit etwas Geld entschädigt zu werden ist im Grunde unerträglich. Ganz gleich, wie viele Privilegien mir an meinem Arbeitsplatz gewährt werden, ob mein Gehalt niedrig oder etwas höher ist, ob ich in der Mittagspause Kicker spielen darf und die Kaffeelounge mit gemütlichen Sofas ausgestattet ist, ob einmal in der Woche eine Masseurin vorbeikommt und man mir einmal im Jahr einen Betriebsausflug spendiert oder ob es kostenloses Essen und einen Biokräutergarten gibt wie bei Google – ich bin von meinem Arbeitgeber abhängig. Wirklich unabhängig wäre ich doch nur, wenn ich nicht auf meinen Arbeitsplatz angewiesen wäre. Denn sobald mein einziges Einkommen mein Gehalt ist und ich ohne dieses Einkommen meine Miete nicht bezahlen kann, kann ich nicht behaupten, mich völlig frei zu fühlen.

> *Um eine freie Person zu sein,*
> *muss man über die Fähigkeit verfügen,*
> *wesentliche Entscheidungen zu treffen,*
> *ohne einen anderen um Erlaubnis fragen*
> *zu müssen.*
> Philip Pettit, *Gerechte Freiheit*

Friedrich Engels junior, der durch den Zufall der Geburt zu denen gehörte, die von der verschwendeten Lebenszeit anderer profitierten, brachte es in »Die Lage der arbeitenden Klasse in England« auf den Punkt: »Nichts ist fürchterlicher, als alle Tage von morgens bis abends etwas tun zu müssen, was einem widerstrebt. Und je menschlicher der Arbeiter fühlt, desto mehr muss ihm seine Arbeit verhasst sein, weil er den Zwang, die Zwecklosigkeit für sich selbst fühlt, die in ihr liegen.«

Dass jedes einzelne Leben einen Sinn hat und dass dieser Sinn für einen Menschen nicht darin bestehen kann, für andere zu arbeiten, erscheint ihm ebenso erwähnenswert wie der Hunger, die Krankheiten und die elenden Behausungen der Arbeiter.

Ist es vermessen zu behaupten, dass man die gleiche Zwecklosigkeit nicht nur in einer Fabrikhalle aus dem 19. Jahrhundert, sondern auch in einem lichtdurchfluteten Büro mit Blick auf den Hafen empfinden kann?

Gibt es eigentlich außer mir noch andere Menschen, die sich hier und heute in diesen beiden Sätzen von Friedrich Engels wiederfinden? Nicht in den Teilen der Erde, in denen inzwischen ähnliche Bedingungen herrschen wie im frühindustriellen Zeitalter in Europa, sondern im wohlhabenden Deutschland?

Wie wäre es, wenn ich diese Sätze auf Facebook posten würde, ohne ihren Absender zu verraten, und das Wort »Arbeiter« durch »du« ersetzte? Wie viele Likes würde ich dafür bekommen, wie viele Menschen würden unter diese Aussage schreiben: »Genau so ist es« oder »Danke für deinen Mut, Rebecca«? Und wie viele »Freunde« würden meinen Post nicht liken, weil sie niemals zugeben würden, dass diese Sätze genau beschreiben, was sie fühlen?

REVOLUTION ODER KARRIERE?

Wenn man über die Zustände in den Arbeiterslums von Wuppertal-Barmen bis Manchester oder von Hamburg bis London liest, wird einem eines klar: Nichts befreit so sehr von der Abhängigkeit von den Interessen anderer wie Geld. Wer keines hatte, war anderen Menschen ausgeliefert, wer aber wohlhabend war, wie Friedrich Engels, konnte etwas bewirken.

Man kann nun natürlich auf sehr unterschiedlichen Wegen versuchen, seine finanzielle Situation zu verbessern. Entweder man kämpft mit anderen gemeinsam um bessere Arbeitsbedingungen und höhere Löhne, oder man kämpft für sich selbst.

Es sieht so aus, als sei die erstgenannte Alternative aus der Mode gekommen und als gäben die meisten Menschen der zweiten Möglichkeit den Vorzug. Denn schließlich könne man, so sagen sie sich, am Ende mehr Gutes bewirken, wenn man selbst erfolgreich sei. Wie der Fabrikarbeiter Robert Owen, der sich vom Lehrling zum Fabrikleiter hocharbeitete und dann die Arbeitszeit in seinem Betrieb von sechzehn auf 10,5 Stunden verkürzte (im Jahr 1799 eine Sensation) – und nebenbei damit das moderne Arbeitsrecht erfand. Er ließ Häuser für seine Arbeiter bauen, errichtete Schulen für deren Kinder, führte eine Kranken- und Rentenversicherung ein und gründete sogar eine betriebseigene Gewerkschaft. Hat er auf diese Weise nicht viel mehr erreicht, als wenn er gestreikt, demonstriert oder still gelitten hätte?

Es erscheint mir so viel verlockender, selbst erfolgreich zu werden, um dann die Macht zu haben, Gutes zu tun, anstatt auf den Untergang des Kapitalismus zu warten, so wie meine Eltern es getan haben. Mark Zuckerberg zum Beispiel spendet Millionen Dollar für Schulen und Bildungsprojekte, oder Bill Gates, der Gründer von Microsoft, ermöglicht mit seinem Projekt »Reinvent the toilet« Menschen in Entwicklungsländern Zugang zu hygienischen Sanitäranlagen und rettet damit Hunderttausende Menschenleben.

Wie unattraktiv dagegen kommt es mir vor, zum Beispiel Gewerkschaftsmitglied zu sein, um dann mit anderen Gewerkschaftsmitgliedern an einen Arbeitgeber heranzutreten und ihn zu winzigen Vergünstigungen zu drängen, die natürlich niemals – das liegt in der Natur der Sache – meine Position grundsätzlich verbessern können. Denn grundsätzlich steht ja mein Lebensentwurf zur Disposition, nicht eine mickrige Gehaltserhöhung oder Weihnachtsgeld. Daher wäre es schön, wenn meine Anstrengungen meinen Lebensentwurf für die Zukunft öffnen würden – so weit wie möglich. Je kühner ich mich entwerfe, desto größer wird mein eigener Handlungsspielraum sein. Trete ich aber der Gewerkschaft bei, tue ich ja genau das Gegenteil, denn ich akzeptiere mit meinem Beitritt meinen gegenwärtigen Status als Angestellter. Und den wäre ich doch eigentlich lieber heute als morgen los. Warum, frage ich mich, soll ich mich zu der Person bekennen, die ich bin, und nicht zu der Person, die ich in Zukunft sein könnte. Für mein besseres Ich ist die Gewerkschaft jedenfalls nicht zuständig.

Drum links, zwei, drei! Drum links,
zwei, drei! Wo dein Platz, Genosse, ist,
reih dich ein in die Arbeitereinheitsfront,
weil du auch ein Arbeiter bist.
Bertolt Brecht, Einheitsfrontlied

Die unmenschliche Behandlung der Arbeiter im Frühkapitalismus bestand nämlich nicht nur darin, dass ihnen grundlegende Dinge, wie ausreichend zu essen, angemessene Kleidung, Wohnungen, die diesen Namen auch verdienen, und medizinische Versorgung vorenthalten wurden. Das wirklich Unmenschliche war, dass ein Arbeiter überhaupt nicht selbst entscheiden konnte, wie er seine Lebenszeit nutzen wollte.

Das Streben nach persönlichem Erfolg war – so komisch es klingt – damals pure Kapitalismuskritik. Denn der Manchesterkapitalismus konnte nur funktionieren, wenn große Teile der Bevölkerung nicht dagegen aufbegehrten, »beseelte Werkzeuge« zu sein, wie es Wilhelm Heinrich Riehl einst nannte, welche sich dem Rhythmus von Dampfmaschinen und Walzen unterzuordnen haben. Wenn sich einzelne Männer und Frauen in den Anfangszeiten des Kapitalismus aus diesem fremdbestimmten Leben befreiten, taten sie dies stellvertretend für ihre ganze Klasse. Jeder Lehrling, jeder Fabrikjunge, jeder Handwerkersohn, dem es gelang, sich hochzuarbeiten oder nach Amerika auszuwandern, war ein leuchtendes Beispiel dafür, dass man etwas tun konnte, was einen Unterschied machte. Wer gar eine Erfindung machte und sich diese patentieren ließ, konnte vom Arbeiter zum Fabrikherrn aufsteigen. Der Fabrikjunge, der kaum lesen und schreiben konnte, der auswanderte und als reicher Mann in seine Stadt zurückkehrte, schenkte den Daheimgebliebenen Hoffnung, dass Menschen wie er es schaffen können. Vor zweihundert Jahren war der Ausbruch aus den bestehenden Verhältnissen nur wenigen möglich, und es gehörte außerdem viel Glück dazu. Aber immerhin war diese Hoffnung viel greifbarer und wirklicher als die Erlösung von aller Mühsal nach dem Tod, so wie es die christliche Religion versprach.

Und je unwahrscheinlicher es war, das große, selbst gesteckte Ziel zu erreichen, desto aufregender und anrührender war die Geschichte, die man erzählen konnte.

Die Verwandlung eines Tellerwäschers in einen Millionär, einer armen Magd in eine berühmte Tänzerin oder eines Fabrikarbeiters in einen bekannten Schriftsteller wurde zur wichtigsten Erzählung einer neuen Zeit. Der soziale Aufstieg symbolisierte das Streben des Menschen aus dem Dunkel ins Licht. Das Versprechen, dass die Zukunft jedem offensteht, dass jeder sie so gestalten kann, wie er möchte, löste die Religion mit ihrem Erlösungsversprechen ab und wurde zu einer Utopie, für die es sich zu leben lohnte. Denn schließlich bestand bei dieser Art von Erlösung die Chance, dass sie sich erfüllte, bevor man gestorben war.

Die Garantie, dass jeder Bürger seine Lebensbedingungen aus eigener Kraft verbessern kann – zumindest theoretisch –, entwickelte sich zum wichtigsten Pfeiler der Demokratie. Es gehörte zum Selbstverständnis des jungen Staates Amerika und nach dem Zweiten Weltkrieg auch zum Selbstverständnis der westeuropäischen Länder, dass jeder ohne Ansehen seiner Person und seiner Herkunft die Möglichkeit bekam aufzusteigen. Nun gab es auch für die Kinder der Armen die Hoffnung, sich durch die richtige Entscheidung zur richtigen Zeit und vor allen Dingen durch Fleiß aus der unverschuldeten Abhängigkeit zu befreien.

Aufsteigen heißt Erlösung.

Ein erfülltes Leben habe ich schließlich nur, wenn ich meine Zukunft selbst entwerfen kann. Was gibt es Wichtigeres, als eine Idee davon zu entwickeln, wer man in Zukunft gerne sein möchte, und dann zu versuchen, diese Idee zu verwirklichen? Welches Gespräch könnte persönlicher sein, als seinen Lebensentwurf mit einem anderen Menschen zu diskutieren: Wie findest du meinen Entwurf? Findest du ihn interessant oder vorbildlich, zu gewagt oder zu klein? Inspiriert dich, was ich vorhabe, oder lehnst du es ab? Oder möchtest du vielleicht sogar mitmachen?

Mit meinem Lebensentwurf kann ich zeigen, was mir wichtig ist, was ich für erstrebenswert halte und was nicht, mit anderen Worten: In meinem Lebensentwurf drückt sich meine Persönlichkeit aus.

Für diesen Entwurf braucht ein Mensch natürlich Kapazitäten. Man kann sich nicht entwerfen, wenn man wie die Besitzlosen im Frühkapitalismus von der Hand in den Mund lebt: Wer sich entwerfen will, braucht dafür Zeit und Geld!

Jeder, der im Nachkriegsdeutschland in den fünfziger und sechziger Jahren Karriere machte, bestätigte, dass die Behauptung, jeder sei seines eigenen Glückes Schmied, auch galt. Und die Umgebung interessierte sich für diese Lebensentwürfe; man wollte von diesen erfolgreichen Menschen wissen, welche besonderen Eigenschaften ihrer Meinung nach nötig waren, um so erfolgreich zu werden wie sie. Ob sie gleich von Anfang an voller Zuversicht ihren Plan in Angriff genommen haben oder ob sie zwischendurch zweifelten wie unsereiner, ob der Weg kurvenreich war oder direkt zum Ziel führte. Natürlich gelang es nicht allen, ihr Glück zu machen, aber manchmal wurde dieses Märchen Wirklichkeit, und sein Glanz fiel auch auf weniger kometenhafte Karrieren.

In jedem kleinen Aufstieg schimmert der Abglanz einer großen Erfolgsgeschichte.

Doch wie oft kann man die Geschichte vom Tellerwäscher zum Millionär hören und immer wieder ergriffen sein wie beim ersten Mal? Selbstverständlich ist die Geschichte der zwei Bäckerskinder, die 1953 in Essen den ersten Discountladen eröffneten und mit ihren achttausend weiteren Filialen Multimilliardäre wurden, sensationell. Und es ist schon fast eine Frage der Gerechtigkeit, wenn ein Holocaust-Überlebender zum bekanntesten deutschen Literaturkritiker der Nachkriegszeit wurde. Wie vielen Menschen hat es heimlich Genugtuung bereitet, als der uneheliche Sohn einer Verkäuferin Ende der sechziger Jahre zum Bundeskanzler gewählt wurde und wenig später sogar den Friedensnobelpreis erhielt.

In dieser Zeit war es üblich, sich mit seinem neu gekauften Wagen fotografieren zu lassen und diese Fotos auch herumzuzeigen, etwas, was heute kaum einer mehr macht. Menschen studierten, deren Eltern und Großeltern aus einfachsten Verhältnissen kamen. Im Aufsichtsrat saß plötzlich einer, der früher an der Werkbank stand. Mit einem Mal konnte man als Fußballer oder Tennisspieler Profi werden und mehr Geld verdienen als ein Angestellter, so wie Bernard Dietz, der das Fußballspielen in Bockum-Hövel auf der Straße gelernt hatte.

Ab wann verloren diese Aufsteigergeschichten ihren Glanz? Als Gerhard Schröder, aufgewachsen in ärmlichsten Verhältnissen, 1998 Bundeskanzler wurde, oder als Cem Özdemir 1994 als erster Abgeordneter mit türkischen

Wurzeln in den Bundestag einzog? Kommt es einem nicht schon normal vor, dass ein ehemaliger Außenminister früher Taxi gefahren ist und für Geld auf dem Straßenpflaster gemalt hat?

2011 starb der Unternehmer und Mäzen Werner Otto, der nach dem Krieg ein mittelloser Flüchtling war und der den ersten Versandhandel buchstäblich aus dem Nichts heraus aufgebaut hatte, im Alter von 102 Jahren. Das sind die letzten Helden einer gesellschaftlichen Utopie, die sich nach wenigen Jahrzehnten für so viele erfüllte, dass man sie nicht mehr wirklich als Utopie bezeichnen kann. Daran ändert auch die Tatsache nichts, dass es für die meisten inzwischen nicht leichter geworden ist, sie zu verwirklichen.

Es mag auch heute für die Tochter eines ungelernten Arbeiters eine sensationelle Leistung sein, wenn sie Rechtsanwältin wird, oder für den Sohn einer Alkoholikerin, wenn er das Medizinstudium mit Erfolg abschließt, doch andere wird das kaum interessieren. Vollends uninteressant ist es schließlich, wenn ein Arztsohn ebenfalls Arzt oder die Tochter einer Staatsanwältin Juristin wird – schon gar wenn bei der anhaltenden Ärzte- und Juristenschwemme nicht mehr automatisch mit einem hohen Einkommen zu rechnen ist.

Die Träume und Ziele der sich selbst reproduzierenden Mittelschicht sind keine spektakuläre Erzählung wert. Weder ist die Ausgangsfigur ein Tellerwäscher, noch ist die Hauptperson am Schluss Millionär. Ihre Lebensentwürfe sind auch längst nicht mehr kühn, sondern erschreckend weit verbreitet, bereits 2009 gab es mehr Studenten als Auszubildende in Deutschland. Tendenz steigend.

*Arzt oder Richter werden –
das kann doch fast scho a jeder.*
Frei nach Gerhard Polt

Mir ist so vieles möglich, alles steht mir offen – nur den anderen leider auch. Und das ist fatal, in vielerlei Hinsicht. Durch die große Konkurrenz werden meine Chancen wieder kleiner. Tatsächlich wird es immer schwieriger, den sozialen Status der Eltern für sich zu erhalten, denn da nun immer mehr Menschen in Europa einen Schulabschluss und ein Diplom haben, werten sich diese Abschlüsse von selbst ab. Bereits 1990 beklagte der Soziologe Helmut Apel in seinem Buch »Bildungshandeln im soziokulturellen Kontext«: »Um beispielsweise das soziale Niveau eines Meisters aus der Kriegs- oder Nachkriegszeit zu erhalten, ist heute in etwa ein ingenieurwissenschaftliches Studium an einer Fachhochschule notwendig.«

Doch der Verlust der Chancen ist mir egal, sie wären ja immer noch groß genug, falls ich trotzdem Ärztin oder Rechtsanwältin werden wollte. Viel schwerer wiegt der Verlust der Utopie. Plötzlich stehen meine Möglichkeiten nackt und nüchtern vor mir, ohne jeden utopischen Glanz. Dieser Glanz fehlt auch den meisten meiner Freunde, und das ist der Grund, warum es ihnen so schwergefallen ist, sich für ein bestimmtes Studium zu entscheiden. Für eine Utopie wären meine Freunde und ich durchaus bereit, Entbehrungen in Kauf zu nehmen, unsere Lebenszeit zu opfern und uns anzustrengen. Für ein durchschnittliches Ärztegehalt in einem Krankenhaus nur wenige von uns. Plötzlich wäge ich das Für und Wider ab, das lange Studium, der Schichtdienst, die Überstunden. Nicht weil ich oder meine Eltern diese Position schon einmal erreicht hätten beziehungsweise es ein Leichtes für mich wäre, sie zu erreichen, sondern weil schon so viele vor mir diese Erfahrung gemacht haben. Und darunter waren einige Menschen, die dabei gesehen haben, dass ein höherer sozialer Status nicht automatisch glücklich macht.

Meine Sehnsucht gilt nicht einem Lebensentwurf unter vielen und schon gar nicht dem Erhalt meines Status quo. »Wer ein Warum zum Leben hat, erträgt fast jedes Wie«, lautet ein bekanntes Zitat von Friedrich Nietzsche, und offensichtlich kann für mich das Warum kein Arbeitsvertrag mit Absicherung im Krankheitsfall und gesetzlichem Mindesturlaub sein.

Meine Sehnsucht kann man nicht bezahlen.

Vielleicht hat es in den siebziger Jahren auch dem einen oder anderen Arbeiterkind keinen Spaß gemacht, Jura zu studieren – aber die Bedeutung des Aufstiegs entschädigte für alles. Die Anerkennung der Freunde und Bekannten, der Stolz der Familie, die besseren Heiratschancen, der unbekannte Wohlstand.

Wahrscheinlich ging es mir zwanzig Jahre später nicht schlecht genug, und die Abhängigkeit, der ich gern entfliehen wollte, war genauso groß wie die Abhängigkeit, in die ich mich hätte begeben müssen, um Karriere zu machen. Eine Pattsituation. Weil sich mein Aufstieg nicht mehr so leicht mit meiner Sehnsucht verknüpfen ließ, wurde mir klar, wie viel Lebensfreude ich hätte opfern müssen, um einen gewissen Status zu erreichen. Ich wollte Anerkennung haben und Geld verdienen – aber nicht um jeden Preis.

In seiner wunderbaren und lustigen Gesellschaftsanalyse »Warum die Generation Y so unglücklich ist« beschreibt Tim Urban anhand der Protagonistin namens »Lucy«, warum eine Generation, die angeblich alle Möglichkeiten hat, doch so unzufrieden ist: »Lucy« kann sich nicht entscheiden, alles kommt ihr wenig attraktiv vor, nicht einmal das Ziel, Bundeskanzlerin zu werden, kann sie locken. Gleichzeitig lebt sie in der diffusen Erwartung, dass Großes auf sie wartet – aber was? Auch sie wird von Freunden mit Facebook-Posts bombardiert, durch die sie den Eindruck gewinnen muss, dass ihre Freunde ein viel tolleres Leben haben als sie selbst. Auch Tim Urban weiß, woran es liegt, dass Lucy so unzufrieden ist: Was nämlich noch dem Leben ihrer Großeltern Sinn verlieh – ein sicheres Einkommen für sich und die Familie –, erscheint der Enkelin zu profan. Tim Urban rät den männlichen und weiblichen Lucys der westlichen Welt, ihre Erwartungen herunterzuschrauben, hart zu arbeiten und ehrgeizig zu bleiben, um etwas zu erreichen. Dieser Rat erscheint logisch und richtig, doch etwas ärgert mich daran. Lässt sich auf diese Weise, also quasi per Beschluss, eine Utopie zurückgewinnen?

Sollte ich einfach guten Willen zeigen und meine Sehnsucht doch wieder mit einem normalen beruflichen Werdegang verknüpfen, so wie manche Menschen versuchen, einen Menschen zu lieben, den sie lieben sollen, aber nicht können? Ist das »ehrgeizig bleiben«, welches Tim Urban empfiehlt, reiner Selbstzweck? Sollte ich es auch tun, wenn ich gar keine Lust dazu habe und die Ziele, die ich heute realistischerweise erreichen kann, mir diese Zumutung eigentlich gar nicht wert erscheinen? Doch wenn es früher eine Utopie war, für das eigene Häuschen zu sparen, warum kann es das nicht auch heute sein, warum nicht gegen den Trend fleißig und bescheiden sein? Wenn ich mich dieser altmodischen Form von Lebensglück nicht bis jetzt verweigert hätte, könnte ich im Frühling wenigstens Nahaufnahmen der erwachenden Blütenpracht meines eigenen Schrebergartens auf Instagram posten, solche Fotos sind doch sehr beliebt. Bin ich zu anspruchsvoll und zu zögerlich? Vermutlich.

Und wie schraube ich meine Erwartungen herunter, während ich gleichzeitig mit Erfolgsgeschichten bombardiert werde, die inzwischen wahnwitzige Dimensionen angenommen haben? Da gibt es nicht nur die junge, alleinerziehende Sozialhilfeempfängerin, die, während sie ihr Baby betreute, nebenbei ein Kinderbuch schrieb, welches sie inzwischen zur reichsten Schriftstellerin der Welt gemacht hat. Jeder kennt die Geschichte der bekanntesten und wohlhabendsten Talkmasterin der USA, die unter ärmlichsten Verhältnissen bei ihrer Großmutter aufwuchs. Oder die des Rappers Eminem, der in einem Trailerpark in Detroit groß geworden ist, bevor er Plattenmillionär wurde. Aber wen interessiert es noch, wenn ein Student mit einem sozialen Netzwerk Multimilliardär wird?

Es ist kaum noch der Rede wert, wenn ein Berliner Internet-Start-up für hundert Millionen Euro von Microsoft übernommen wird. Glaube ich ernsthaft, dass sich solche Karrieren wiederholen lassen beziehungsweise dass ich sie noch toppen könnte? Es geht schon lange nicht mehr darum, ob ich ein solches Leben führen will oder nicht – es geht darum, dass ich mich anscheinend nicht mit dem, was ich habe, zufriedengeben darf, solange es keinen Zeitungsartikel und keine Facebook-Geschichte wert ist. Denn andere tun es ganz offensichtlich auch nicht.

Regelmäßig empfehlen Politiker Jugendlichen, flexibler bei der Ausbildungsplatzsuche zu sein und gegebenenfalls auch mal eine Ausbildung anzunehmen, die nicht unbedingt auf ihrer Liste der Traumberufe ganz oben steht. Mit anderen Worten: Die Jugendlichen sollen sich mit einem Lebensentwurf zufriedengeben, mit dem sich diese Politiker erwiesenermaßen nicht zufriedengegeben haben, denn sonst wären sie nicht in der Position, in der sie sich heute befinden, und könnten nicht solche Ratschläge geben. Aus der Bedeutungslosigkeit erlöst man sich jedenfalls nicht, wenn man brav eine Ausbildung macht und anschließend arbeiten geht, damit die Gesellschaft funktioniert. Eine Gesellschaft, die sich – solange man keinen Ärger macht – nicht besonders für einen interessiert. Genug Geld zum Leben verdienen und ansonsten nichts weiter vorzuhaben ist kein Lebensentwurf, über den man sich mit anderen besonders lange austauschen kann.

So, wie die Fabrikbesitzer im 19. Jahrhundert keine Menschen mit Utopien gebrauchen konnten, so können auch heute die meisten Firmen und Unternehmen mit Menschen mit Utopien nichts anfangen. (Auch wenn sie stets das Gegenteil behaupten.) Denn die Utopien eines Angestellten müssen den Interessen eines Unternehmens naturgemäß entgegenstehen – außer es handelt sich um das eigene Unternehmen.

Im Grunde möchte sich keiner anpassen, sondern das System verändern, in dem er sich bewegt. Friedrich Engels war auch nicht damit zufrieden, einfach die Geschäfte seines Vaters fortzuführen, obwohl ihm genau das ein bequemeres Leben beschert hätte.

Immerhin konnte man, als der eigene soziale Aufstieg gleichzeitig noch die Verwirklichung einer gesellschaftlichen Utopie war, einen Pakt mit dem Unternehmen oder der Institution schließen: Man verpflichtete sich, für eine längere Zeit für das Unternehmen oder die Institution zu arbeiten, dafür wurden einem Aufstiegschancen in Aussicht gestellt. Doch dieser Deal funktioniert schon lange nicht mehr, allein deswegen nicht, weil heutzutage kaum ein Unternehmen einem Mitarbeiter eine lebenslange Anstellung garantiert und ihn somit bei seinem Aufstieg begleiten könnte. Es wäre für manchen Unternehmer natürlich leichter, wenn seine Arbeitnehmer trotz der unverbindlicher gewordenen Arbeitsverhältnisse in ihrem Aufstieg die Erfüllung all ihrer Sehnsüchte sehen würden. Wilfried Porth, der Personalvorstand von Daimler, schwärmt zum Beispiel davon, dass ihn jedes Mal, wenn er in Indien oder China sei, so viele junge Menschen bestürmten, mit nach Deutschland fliegen und bei Daimler arbeiten zu dürfen, dass er mehrere Flugzeuge für sie chartern könnte. Diese Begeisterung und Flexibilität würde er heute manchmal bei deutschen Arbeitnehmern vermissen.

> *Die Biografie eines Menschen war früher seine Arbeitsbiografie. Nun muss er sich selbst eine erfinden, jenseits von seinem beruflichen Werdegang. Arbeiten muss er leider nebenbei trotzdem.*

Ich bestürme keine ausländischen Personalvorstände und dränge mich nicht in ihre Flugzeuge, aber auch ich füge mich den Notwendigkeiten: Ich muss Geld verdienen, ob mit Utopie oder ohne. Also gehe ich zum Knöpfe-Sortieren in die Manufaktur, ich nehme eine Arbeit an, von der ich weiß, dass ich sie einigermaßen gut erledigen kann und wo mein Einsatz und das, was ich dafür bekomme, für mich in einem akzeptablen Verhältnis stehen. Um das Eigentliche in meinem Leben werde ich mich wohl nach Feierabend kümmern müssen.

Nicht wenige Unternehmen sind irgendwann auf die Idee gekommen, für die schwindenden Utopien ihrer potenziellen Mitarbeiter einen Ersatz anzubieten: Das war die Geburt der Unternehmensphilosophie.

Doch die Vorstellung, dass irgendjemand heute diese ewig gleichen Sprachschablonen noch ernst nimmt, erscheint lächerlich. Welcher Mitarbeiter glaubt heute noch daran, dass es wörtlich zu verstehen ist, wenn er in der Welcome-Broschüre liest, dass er sich mit Leidenschaft für die Unternehmensziele einsetzen und dabei immer wieder ein Stück weit über sich hinauswachsen solle. Oder dass es wünschenswert wäre, wenn er sich niemals mit dem Standard, sondern nur mit dem Außergewöhnlichen zufriedengibt und auf der Suche nach kreativen Lösungen für die Kunden den Spaß seines Lebens hat.

Welcher Mann oder welche Frau findet es bedeutsam, daran mitzuarbeiten, dass ein Unternehmen noch mehr Gewinne macht? Jeder normale, intelligente Mensch begreift sofort, dass da ein anderer seine Interessen zur Sache, will heißen: zur Sehnsucht seiner Angestellten machen will – und das haben nicht einmal die Unternehmer vor zweihundert Jahren in Manchester verlangt!

Aus Romanen und Filmen kennt man zwar Beispiele, wo aus Unternehmen eine Art Sekte gemacht wird und die Produkte und Dienstleistungen, die dort erzeugt werden, zu Werkzeugen für eine bessere Welt hochstilisiert werden. Auch in den USA soll es Firmen geben, die ihren Mitarbeitern die Unternehmensphilosophie als Religionsersatz verkaufen, doch schaut man sich die Auftritte im Internet oder die Imagebroschüren deutscher Unternehmen an, hat man meist eine ungekonnt und merkwürdig altmodisch wirkende Version einer Utopie vor sich, von

der man übrigens den Eindruck hat, dass nicht einmal die Unternehmensleitung daran glaubt.
Der Traum von Status und Geld hat sein utopisches Moment verloren, und zwar im wahrsten Sinne des Wortes. Sobald das Unmögliche möglich wird, zeigt sich das, was man sich von der Utopie versprochen hat, in einem ganz anderen, unbarmherzigen Licht. Auch ein Chefarzt und ein Konzernmanager kennen Routine und Langeweile, und inzwischen hat man durchaus von Schlagersängern oder Millionären gehört, die trotz ihres Erfolgs beziehungsweise ihrer Millionen nicht unbedingt glücklicher sind als man selbst. Im »Glücksatlas« der Deutschen Post kann man sogar die genaue Summe des Jahreseinkommens nachlesen, ab der sich das subjektiv empfundene Glück in Deutschland nicht mehr steigern lässt. Zurzeit sind dies 60 000 Euro im Jahr. (Das ist zwar viel, aber wiederum auch keine utopische Summe.)
Man könnte fast den Eindruck bekommen, dass die rasante Entwertung der Erfolgsgeschichten der Grund für den entfesselten Finanzkapitalismus ist. Weil es inzwischen an Glamour verloren hat, Multimillionär oder gar Milliardär zu werden, scheint es, dass manche Menschen diesen Bedeutungsverlust durch Quantität wettmachen wollen und so viel Geld an sich reißen, dass sie damit ganze Länder aufkaufen oder auch ruinieren können. Doch kulturell gesehen, ist das Reichwerden überholt, es gibt in den letzten Jahren kaum einen Film, der den »American Dream« in so reiner Form zelebriert hätte, wie es beispielsweise Sylvester Stallone mit »Rocky« in den Siebzigerjahren tat. Selbst in »Slumdog Millionär« kämpft der junge Inder Jamal, ein einfacher Laufbursche, nicht nur um den Hauptgewinn in einem

Millionenquiz, sondern in Wirklichkeit um seine große Liebe.
Der Aufstieg hat in den westlichen Ländern keine besondere gesellschaftliche Relevanz mehr, was die Bereitschaft, sich für ebendiesen besonders ins Zeug zu legen, deutlich mildert. Gleichzeitig bleibt die Tatsache bestehen, dass es sich mit Geld nicht nur angenehmer leben lässt, sondern dass einem ein hohes Einkommen vor allen Dingen die Gelassenheit beschert, sich einfach mal auszuprobieren.
Eine unerwartete Erlösung aus dieser Zwickmühle erfuhren 2015 die Mitarbeiter von Gravity Payments, einem Unternehmen aus Seattle, das Einkäufe mit Kreditkarten abrechnet. Dessen Vorstandsvorsitzender Dan Price beschloss nach einem persönlichen Erweckungserlebnis, das Gehalt sämtlicher Mitarbeiter quasi zu verdoppeln. Wie zu erwarten, löste diese unerwartet hohe Gehaltserhöhung größte Zufriedenheit unter seinen Angestellten aus: Jeder wusste sofort, was er alles mit dem Geld anfangen würde. Eine Mitarbeiterin konnte sich zum Beispiel endlich das Haus für ihre Familie leisten, von dem sie schon lange träumte.
Es ist eindeutig, dass diese Gehaltserhöhung deswegen so inspirierend auf deren Empfänger wirkte, weil sie auf gewisse Weise unverdient war. (Die Begeisterung der Facebook-Gemeinde über Dan Prices' Entscheidung war übrigens einhellig: Der Bericht über ihn und sein Unternehmen wurde in der Regel unter der Überschrift UNBELIEVABLE weitergeleitet und von niemandem etwa mit dem Hinweis kommentiert, dass Geld auch nicht glücklich mache.)

Wenn ich das schnöde Geld doch einfach geschenkt bekäme!

Und wie entkomme *ich* der Pattsituation, einerseits keinen Sinn darin zu sehen, für meinen Job alles zu geben, aber andererseits wiederum nicht genug Geld zu haben, um mich nur noch der Suche nach einer neuen Utopie widmen zu können? Auf irgendetwas muss ich doch meine Sehnsucht richten können – und wenn es nicht mein sozialer Aufstieg ist, was ist es dann?

4
DER REST FINDET SICH
SELBSTVERWIRKLICHUNG ALS MAGISCHE PRAXIS

Wer glaubt, wird selig.

Eine Utopie ist die Vorstellung von einer idealen Gesellschaftsordnung. Ein Ideal lässt sich natürlich niemals erreichen, aber man kann sich ihm annähern. In dieser zukünftigen Gesellschaft würden wir alle von den Dingen erlöst sein, die uns heute quälen und unglücklich machen. Habe ich eine Idee von einer besseren Gesellschaft, also eine Utopie, nach der ich streben kann, findet mein jetziges Leben unter Vorbehalt statt. Es gibt ja eine bessere Zukunft, auf die ich hoffen kann und in der die Missstände, unter denen ich gerade leide, Vergangenheit sein werden. Diese Hoffnung macht mir meine Gegenwart erträglich.

Was müsste in dieser utopischen Gesellschaft besser sein als in der heutigen? Welche Missstände wären in ihr besiegt, welche Ungerechtigkeiten abgeschafft? Kurzum: Wie müsste eine Gesellschaft aussehen, in der ich endlich glücklich sein kann?

Spüren Sie bereits an diesem Punkt einen Widerstand gegen meine Überlegungen? Haben Sie das Gefühl, dass ein Mensch, der wie ich auf eine bessere Zukunft hofft, sich auf dem Holzweg befindet? Wer auf bessere Zeiten wartet, hat etwas Grundsätzliches nicht verstanden. Man lebt doch heute, im Hier und Jetzt und nirgendwo anders! Was kann schließlich die Gesellschaft dafür, dass ich unzufrieden bin, dass ich nicht weiß, was ich will, und mein

Geltungsbedürfnis größer ist als mein Wille, etwas dafür zu tun?
Es herrscht große Einigkeit darüber, dass keiner das Leben so sehr verpasst wie jemand, der sich wünscht, dass alles ganz anders wäre.
Der zum Beispiel darauf hofft, dass bald jemand kommt und endlich erkennt, was für ein großartiger Mensch er ist.
Viele würden die Behauptung unterschreiben, dass es ein Irrtum sei zu glauben, dass man glücklicher sein wird, wenn man erst einmal reich ist, wie ein Model aussieht und mit George Clooney oder Scarlett Johansson verheiratet ist.
Die Überzeugung, dass die bessere Zukunft nur in unserer Fantasie existiert, unser Leben aber in der Gegenwart stattfindet, findet derzeit unter anderem deswegen so viel Anklang, weil es, zumindest in unseren Breitengraden, dem Großteil der Bevölkerung noch nie so gut gegangen ist wie heute. Wer es schafft, sich an ein Minimum an Regeln anzupassen, muss in dem Land, in dem ich lebe, nicht hungern; wer keine Arbeit hat, hat einen Anspruch auf staatliche Unterstützung, und wer krank ist, hat Zugang zu einer medizinischen Versorgung, von der die meisten Menschen im 19. Jahrhundert nicht einmal geträumt haben. Man könnte ja jetzt endlich mal die Früchte dieser Errungenschaften ernten und anfangen zu leben.

```
Stop thinking about life and
start living it.
Paulo Coelho
```

Der Webersohn Joseph-Marie Jacquard durfte mit Fug und Recht von einer besseren Zukunft träumen. Das Kind, das im 19. Jahrhundert im Arbeiterviertel St. Giles in

London aufwuchs, natürlich auch, doch wir besitzen bereits viel mehr, als sich diese beiden Menschen jemals gewünscht haben. Wir haben die Ungerechtigkeiten, die Charles Dickens in seinen Romanen schildert, zum Glück nie erlebt. Dickens war einer der erfolgreichsten Schriftsteller im viktorianischen England, und seine Helden waren meist arme Kinder, welche sich trotz schlimmster Behandlung wunderbarerweise ihren reinen, engelhaften Charakter bewahrten. Denn selbstverständlich sind alle Kinder im Grunde unschuldig und haben ein Recht darauf, ein besseres und würdigeres Leben zu führen. Seine bekannteste Geschichte ist die des Waisenjungen Oliver Twist, der ausgenutzt und gequält wird, bis sich schließlich herausstellt, dass er von seinem unbekannten, verstorbenen Vater ein Vermögen geerbt hat. Millionen verfolgten damals die Geschichte des Fürsorgezöglings Oliver Twist, die in England zwischen 1837 und 1839 als Fortsetzungsroman in der Zeitung erschien, und hofften darauf, dass am Ende die Gerechtigkeit siegte.

Wir brauchen nicht darauf zu hoffen, dass die Gerechtigkeit siegt, denn wir sind schon von aller Ungerechtigkeit erlöst – schließlich leben wir in einer Demokratie mit sozialer Marktwirtschaft, und da geht es doch gerecht zu, oder?

WER IM HIER UND JETZT LEBEN WILL, BRAUCHT KEINE UTOPIE.

Utopien sind sowieso verdächtig, und zwar aus folgendem Grund. Jeder, der sich Gedanken macht, wie eine andere, bessere Gesellschaftsordnung aussehen sollte, entwickelt feste Vorstellungen davon, wie eine Gesellschaft zu sein hat, und feste Vorstellungen engen ein. Es bleibt nicht aus, dass derjenige, der eine Utopie hat, will, dass sich auch andere seinen Vorstellungen fügen. Vielleicht möchte er oder sie, dass wir kein Fleisch essen, dass Reiche mehr abgeben und Frauen nicht abtreiben sollen. Womöglich sollen wir uns den strengen Gesetzen einer Religion fügen oder irgendeinem Fitnessdiktat.

Alle Schemata, in die man sich und andere hineinzwingen will, sind jedenfalls ein Feind der Freiheit. Menschen, die irgendwelche Utopien haben, sind davon überzeugt, das Richtige zu tun, aber wir wissen, dass sie meistens das Gegenteil von dem erreichen, was sie bezwecken. Ein Mensch mit einer Utopie will nicht sich verändern, sondern die Welt.

Die Welt braucht nicht in Ordnung gebracht zu werden, die Welt ist die Verkörperung der Ordnung. Es ist an uns, mit dieser Ordnung in Einklang zu kommen.
Henry Miller

Deswegen entwirft man heute keine gesellschaftlichen Utopien mehr, man sorgt lieber für seine Work-Life-Balance. Menschen, die ohne Utopie leben, sind im machbaren Spektrum angekommen, bei sich und ihren Bedürfnissen. Sie sind nicht mehr bereit, alles für den Job zu geben und sich für das Fortkommen der Gesellschaft aufzuopfern. Sie möchten sich neben der Arbeit den Dingen widmen können, die ihnen wichtig sind, zum Beispiel ihren Beziehungen und Freundschaften. Ihre Paarbeziehung hat nämlich in ihrem Leben den gleichen Stellenwert wie ihre Karriere. Sie möchten sich die Kindererziehung teilen, wofür ein idealer Arbeitgeber Verständnis haben sollte. Auch gleitende Arbeitszeiten wären toll, damit sie nach Feierabend genügend Zeit haben, Sport zu treiben und sich weiterzubilden.

Sie dokumentieren ihren Garten oder das Beisammensein mit Freunden und teilen dies in den sozialen Netzwerken, um zu zeigen, dass sie auch kleine Dinge wahrnehmen und wertschätzen können. Menschen ohne Utopien genießen das Leben *jetzt,* sie achten auf ihren Körper, sie sind offen für Neues und möchten die Welt in ihrer Vielfalt entdecken. Und natürlich sind sie dankbar für die Chancen, die sie haben, und nutzen sie, ohne verbissen zu sein, denn auf keinen Fall sollte dabei die Lebensfreude verloren gehen.

Ich muss mich heute also selbst erlösen, und zwar indem ich erkenne, dass ich eigentlich keiner Erlösung mehr bedarf. Dies ist der Hintergrund, den all diese Facebook-Posts, Zitate und Sinnsprüche gemeinsam haben, mit denen wir überschüttet werden und die uns ermutigen sollen, *jetzt* mit dem Leben anzufangen. Ich brauche mich nur *dafür* entscheiden, so wird mir mithilfe der Sinnsprüche mitgeteilt, und schon geht es los mit dem prallen bunten Leben.

Ein kleiner Ruck, und schon geht es los:
Folgende Zitate und Sinnsprüche sollen
mich ermutigen, mich ganz auf die Gegenwart zu konzentrieren, denn schließlich
findet das wahre Leben nur in der Gegenwart statt. (Menschen, die das nicht wissen, vermeiden es, Dinge in der Gegenwart
zu tun, die sehr viel Spaß machen würden,
von denen sie aber wissen, dass sie sie in
der Zukunft, die sie hoffentlich auch noch
erleben werden, bereuen würden.)

> Wir leben zu sehr in der Vergangenheit, haben Angst vor der Zukunft und
> vergessen dabei völlig, die Gegenwart
> zu genießen.
> *(Diesen Spruch kann man sich übrigens u.a. als dekoratives Wandtattoo bestellen.)*

> Lebe jeden Tag so, als wäre es dein
> letzter.
> *(Und was ist mit der Steuererklärung, die ich heute noch machen muss? Das Finanzamt geht nämlich davon aus, dass ich weiterlebe, und will deswegen regelmäßige Einkommensteuervorauszahlungen von mir.)*

> Es gibt nur zwei Tage im Jahr, über die
> du keinerlei Kontrolle hast. Diese
> Tage sind »gestern« und »morgen«.
> Daher ist heute der richtige Tag zu

> lieben, zu glauben und wirklich zu leben.
> Dalai-Lama
> (Wahrscheinlich glaubt der Dalai-Lama, dass man das Morgen nicht beeinflussen kann, weil er keinen Alkohol trinkt. Denn es macht für die Fahrradtour am Sonntag sehr wohl einen Unterschied, ob ich am Samstagabend davor saufe oder nicht.)

Diese Entscheidung für die Gegenwart bedarf keiner Herkulesanstrengung, im Gegenteil: Strenge ich mich zu sehr an, mich auf den gegenwärtigen Moment zu konzentrieren, werde ich ihn auf jeden Fall verpassen. Der Entschluss, endlich wirklich zu leben, sollte mir daher so leichtfallen, als würde ich in diesem Moment von dem Stuhl aufstehen wollen, auf dem ich sitze. Man müsste losfliegen wie eine Hummel, die sich auch nicht um die Gesetze der Aerodynamik kümmert, nach denen es angeblich für sie unmöglich sei, sich überhaupt in die Luft zu erheben.

Hiss die Segel, verlass das Wartezimmer deines Lebens, denn das Leben findet vor deiner Haustüre statt, steh auf und öffne die Schatzkiste, auf der du sitzt, und genieße die Reichtümer, die sie für dich bereithält, anstatt darüber zu jammern, wie schlecht es dir geht und wie arm dein Leben ist.
Mit solchen und ähnlichen Gleichnissen will man mir klarmachen, wie einfach es im Grunde ist, wahrhaftig zu leben. Und irgendetwas muss ja dran sein an der Vorstel-

lung, dass man noch nicht lebt, wie man eigentlich leben sollte, denn sonst würden die Sprüche nicht eine solche Sehnsucht auslösen.

Diese Bilder legen nahe, dass es zwei verschiedene Sorten von Menschen gibt: die einen, die begriffen haben, dass ihnen eigentlich nichts mehr fehlt, und die, die immer noch auf eine Art Erlösung hoffen. In der Lebenswelt der Ersteren braucht man nur auf seine innere Stimme zu hören, und schon wird man auf wundersame Weise dafür belohnt. In der anderen Lebenswelt bekommt man auch, was man verdient – und zwar genau das, was man für seine Ängste und Bedenken und das ständige Abwägen erwarten kann. In dieser Lebenswelt sind ich und noch ein paar Freunde von mir zu Hause.

Einer dieser Freunde erzählte auf einer Party, zu der wir beide eingeladen waren, wie unzufrieden er mit seinem neuen Job sei. Jahrelang hatte er sich in Berlin als freier Journalist durchgeschlagen, und als er von seinen Artikeln nicht mehr leben konnte, hatte er in einer anderen Stadt eine Festanstellung in einer großen Behörde angenommen. Nun litt er unter der langweiligen Arbeit und unter den Kollegen, die seine Unlust natürlich spürten und ihm mit Misstrauen begegneten. Außerdem vermisste er sein altes Leben in Berlin. Eine Frau, die ebenfalls anwesend war und dies hörte, riet: Wenn dich dein neuer Job nicht glücklich macht, dann musst du kündigen. Der Freund fragte zurück, ob sie eine Idee habe, womit er dann sein Geld verdienen solle. Die Frau antwortete: Das findet sich.

*Das Leben wird dich immer belohnen,
unterstützen und dir ungeahnte Türen öffnen,
wenn du deiner inneren Wahrheit folgst.*
Anssi Antila

Einen derartigen Vorschlag hätte vor zwanzig Jahren kein Mensch ernst genommen. Meinen Eltern – immer für revolutionäre Ideen zu haben – hätte es vor Erstaunen die Sprache verschlagen, aber auf einer Party im Jahre 2015 wird sich unter den Gästen kaum einer finden, der Einspruch dagegen erhebt. Wer sich also wie der besagte Freund zu fragen traut, wie er sich denn finanzieren solle, wenn er auf seine innere Stimme hört, dem kann es passieren, dass ihm normal wirkende Menschen erklären, er sei in einem Irrglauben gefangen. Dieser bestehe darin zu meinen, man brauche den Job, um zu überleben.

Würde man sich jedoch kompromisslos zu sich selbst bekennen, dann würde sich das mit dem Geld auch von selbst ergeben. Die Situation, in der sich jemand befindet, sei ja nur Ausdruck dessen, was er oder sie über die Wirklichkeit denkt. Will man diese Wirklichkeit verändern, muss man ganz einfach seine Einstellung zu ihr verändern. Mein Freund soll also gegen seine Vernunft den Job kündigen und darauf vertrauen, dass ihn diese Herzensentscheidung in die schönere Wirklichkeit katapultiert. Er soll darauf hoffen, dass er für dieses Opfer anschließend mit magischen Hinweisen zum perfekten Lebensweg belohnt wird. Doch so leicht ist der Wechsel in die andere Sphäre nicht, da gibt es keine Tricks und keine halben Sachen. Kündigt mein Freund, und sein Vertrauen ist nicht tief genug, oder er hat seine innere Stimme falsch verstanden, dann ist sein Vorhaben leider zum Scheitern verurteilt. Und weil er das weiß, hat er die Stelle bis heute behalten.

WER IST DENN NUN WILLKOMMEN IM REICH DER FÜLLE?

Wer sind eigentlich diese Menschen, die uns auffordern, den Mut zu haben, auf unser Herz zu hören, selbst auf die Gefahr hin zu scheitern? Die Journalistin Lisa Ludwig vermutet in ihrem Kommentar zum Hype um die Kurzgeschichtensammlung »Das Gegenteil von Einsamkeit« – der Elitestudentin Marina Keegan, dass besonders die Menschen davon sprechen, dass man mehr Mut zum Scheitern haben solle, die sich das Scheitern auch leisten könnten.

In ihren Essays und Kurzgeschichten beschreibt Marina Keegan vor allen Dingen die Lebenswelt von privilegierten amerikanischen Studenten. In einem ihrer Texte empfiehlt sie den Absolventen dieser Welt, sich mehr Zeit fürs Experimentieren zu nehmen und sich nicht allzu früh auf eine Sache festlegen zu lassen.

Lisa Ludwig mag die Unbekümmertheit, mit der Marina Keegan diejenigen verurteilt, die das nicht tun und lieber den sicheren Weg gehen, nicht loben – im Gegensatz zu vielen anderen Rezensenten. Sie meint, dass die Erfahrungen von reichen Kindern nicht auf eine ganze Generation übertragbar sind und dass die Ängste weniger privilegierter junger Menschen, die glauben, sich größere Lücken im Lebenslauf nicht leisten zu können, durchaus ihre Berechtigung haben.

Die junge amerikanische Autorin gehörte zu den Menschen, die im Fall eines Falles auf ihren Füßen gelandet wäre, denn sie hat sich bis zu ihrem tödlichen Autounfall weniger Sorgen um ihre berufliche Zukunft als um ihre Glutenunverträglichkeit gemacht. Doch auch Menschen, die sich das Scheitern nicht leisten können, sind für solche Appelle empfänglich.

Das Bedürfnis, durch die richtige Ermutigung im richtigen Moment endlich zu begreifen, wie man sich auf die beste Art und Weise ins Leben stürzt, zieht sich durch alle Schichten. Um mich herum sind die Menschen ständig auf der Suche nach diesem Erweckungserlebnis. Sie hoffen so wie ich auf den magischen Moment, in dem man spürt: Jetzt geht es los, nun brauche ich nicht mehr auf das echte Leben zu warten, denn es fängt an, und ich selbst bin mittendrin.

Vor zwei Jahren gestand die Psychologiestudentin und Schauspielerin Julia Engelmann bei einem Poetry Slam in Bielefeld, wie sehr sie das Gefühl habe, dass ihr das Leben durch die Finger rinnt. Weil sie zu viel nachdenke, zu viel erwarte, zu wenig mache – und natürlich zu viel zweifle. Und sie fragte sich, wie wir wohl alle am Ende unseres Lebens über unsere vielen nicht genutzten Möglichkeiten, die nicht umgesetzten Vorhaben und unsere nicht verwirklichten Träume denken werden. Natürlich hoffte sie darauf, nicht feststellen zu müssen, zu faul und zu feige gewesen zu sein, um richtig zu leben.

Das Publikum war hingerissen, und auch das Video von ihrem Auftritt wurde im Internet millionenfach angeklickt. Julia Engelmann hat in ihrem Gedicht ausgesprochen, was all die Menschen fühlen, die sich ebenfalls danach sehnen, intensiver und wahrhaftiger zu leben und ihre Zeit nicht mehr mit Dingen zu verschwenden, die ihnen eigentlich gar nichts bedeuten.

Viele User schrieben, wie sehr die Worte Julia Engelmanns sie aufgerüttelt hätten und dass sie dadurch begonnen hätten, ihr Leben zu überdenken. Andere behaupteten sogar,

das Video habe ihnen den letzten entscheidenden »Kick« gegeben, um endlich »ihr eigenes Ding« zu machen.
Ich würde gern wissen, wie sich das Leben derer, denen das Gedicht von Julia Engelmann den entscheidenden letzten Kick gegeben hat, verändert hat. Leben sie nun wirklich anders? Lachen, gehen, arbeiten, essen, lieben sie jetzt bewusster als ich? Erleben sie jeden Tag Sensationen und sind dabei jede Sekunde voll inneren Friedens? Haben sie jetzt plötzlich einen Partner, der sie versteht, und ein neues Lebensziel, für das es sich jeden Morgen aufzustehen lohnt? Einen Alltag ohne Routine, ein Leben ohne Zweifel?
Für die, bei denen sich die durch Julia Engelmanns Auftritt erzeugte Euphorie wieder verflüchtigt hat, geht die Suche nach dem Sinn ihres Lebens weiter: Jede Begegnung, jeder Theater- oder Kinobesuch, jedes Buch und jede Reise werden daraufhin abgeklopft, ob sie die entscheidende Botschaft für sie bereithalten. Nichts weniger sollen ihnen ihre Erlebnisse und Aktivitäten geben. Stets fragen sie sich, ob sie durch das, was sie gerade hören und sehen, besser verstehen, wer sie sind und was sie mit ihrem Leben anfangen sollen. Alles andere interessiert sie schon lange nicht mehr.
Nebenbei müssen die meisten von ihnen natürlich noch arbeiten gehen. Und weil jede Stunde, die sie in die Sicherung ihrer Existenz investieren, sie von ihrer Suche abhält, empfinden sie das als eine ganz besondere Zumutung.

Solange ich nicht weiß,
wer ich bin und was ich will,
habe ich eigentlich keine Zeit,
arbeiten zu gehen.

Warum ignoriere ich nicht einfach meine Zweifel und lege los mit der ersten Idee, die mir in den Kopf kommt, selbst auf die Gefahr hin, dass sich das hinterher als der größte Unsinn herausstellt? Was haben wir schon zu verlieren?, fragt auch Julia Engelmann.

Wie das Liebespaar, das sich 2014 in Tahiti kennenlernte, sie Studentin, er ein Spitzensportler, und die kurzerhand beschlossen, um die Welt zu reisen. Seitdem schicken sie Fotos von sich herum und stellen sie auf Instagram. Mal stehen sie Arm in Arm vor einer exotischen Landschaft oder lagern vor einem Wasserfall, auf einem anderen Foto segeln sie auf einem Boot in den Sonnenuntergang, dann wieder haben sie sich unter eine Cocktailgesellschaft in einem Hotel aus Kolonialzeiten gemischt. Meist aber zieht die schöne Studentin ihren Liebsten an der Hand hinter sich her; dadurch hat man einen herrlichen Blick auf ihre Bikinihose, die ihren knackigen Hintern zur Geltung bringt, erhält einen entzückenden Einblick in ihr rückenfreies Abendkleid oder schaut ihr beim Tauchen im knappen Neopren-Mini zwischen die Beine.

Diese beiden Menschen verwirklichen ihren Traum. Seit über einem Jahr feiern sie hemmungslos ihre Liebe, und weil das so vielen gut gefällt, habe ich die Fotoserie inzwischen schon viermal zugeschickt bekommen, einmal mit dem selbstironischen Kommentar »Neid«, dazu ein zwinkernder Smiley, und dreimal mit der Bemerkung »O je, ich bekomme Fernweh«.

> *Travel. As much as you can.*
> *As far as you can.*
> *Explore our beautiful world.*
> Facebook-Post von David Avocado Wolfe

Es gelingt wenigen, wirklich die Sphären zu wechseln. Wer es schafft, der gehört endlich zu denen, die ihr Leben in vollen Zügen auskosten können. Die anderen wissen leider immer noch nicht, wie es funktioniert. Die einen reisen um die Welt, und die anderen fragen sich, woher sie das Geld dafür nehmen sollen.

Was mich immer wieder erstaunt, ist, wie friedlich diese beiden Welten nebeneinander existieren. Wie selbstverständlich wird in den sozialen Netzwerken und in den Medien sowohl über die eine als auch die andere Sphäre berichtet, wobei die Maßstäbe, nach denen man die verschiedenen Protagonisten beurteilt, gerechterweise an ihren jeweiligen Möglichkeiten gemessen werden. Für die Angestellten einer Billig-Friseurkette, die aus Angst, gefeuert zu werden, nicht gegen unbezahlte Überstunden und schikanöse Behandlung aufbegehren, hat man selbstverständlich Verständnis. Und das, obwohl der Stundenlohn so niedrig ist, dass er kaum noch unterboten werden kann. Kaum einer würde zum Beispiel auf www.tagesschau.de unter die Meldung, dass ebendiese Friseurkette Konkurs gegangen sei, schreiben, dass die entlassenen Frauen und Männer doch froh sein sollten, wenn der schlimme Job weg ist, denn nun könnten sie endlich anfangen, ihre Träume zu leben. Und natürlich ist man auf der Seite von »Emmely«, der Supermarktkassiererin, die wegen der Unterschlagung zweier Pfandbons von ihrem Arbeitgeber entlassen worden war und so lange vor Gericht kämpfte, bis sie wieder eingestellt werden musste. Schließlich ging es bei ihrem Kampf um ihren Arbeitsplatz nicht nur um ihre Existenz, sondern auch um ihre Würde. Niemand hat ihr empfohlen, die unfreiwillige Auszeit zu nutzen und mit ihrem Liebsten durch die Welt zu tingeln und Bikinifotos auf Instagram zu posten.

Aber unter den Artikel einer Reise- und Stylebloggerin, in dem die Verfasserin schwärmt, dass es ganz einfach sei, wie sie jeden Morgen lange zu frühstücken, einmal im Monat zu verreisen und nur noch Dinge zu tun, auf die man Lust hat – nämlich indem man eine Arbeit wählt, die sich nicht wie Arbeit anfühlt –, schreibt auch keiner, dass das sicher nicht für jeden gilt. Auch unter dem YouTube-Video eines bekannten Motivationscoachs aus England, in dem er die These vertritt, dass die Annahme, man müsse für sein Geld arbeiten, einem die Sinne verneble, steht nur »danke für die Inspiration«. Dabei könnte der Motivationscoach ohne die Leute, die irrtümlicherweise glauben, für Geld arbeiten zu müssen, nicht einmal sein Video bei YouTube einstellen.

In Frankreich verstehen laut Umfragen mehr als sechzig Prozent der Befragten, dass Arbeitnehmer, um Entlassungen und Unternehmensschließungen zu verhindern, ihre Chefs kidnappen. 2009 wurden beispielsweise der Geschäftsführer Marcus Kerriou und die Personalerin Colline Colboc vom Automobilzulieferer Molex und Anfang 2014 die Führungskräfte des französischen Reifenwerks des US-Konzerns Goodyear von der Belegschaft entführt und teilweise über zwanzig Stunden festgehalten! Natürlich handelten die Arbeiter aus dem Irrtum heraus, dass ausgerechnet diese Menschen für ihre Situation verantwortlich seien, und doch konnten sogar manche Politiker ihre Sympathie für das Bedürfnis der Arbeiter nicht verhehlen, die Konzernchefs zu zwingen, sich mit dem auseinanderzusetzen, was sie so unzufrieden macht. Wer wünscht sich nicht, endlich mal DEN Ausbeuter oder DEN Unterdrücker in persona vor sich zu haben, sich bei ihm beschweren und ihn ein bisschen unter Druck setzen zu können. Wie einfach war es früher im Manchesterkapitalismus, als es noch echte Unterdrücker gab. Doch nun gibt es ja nur die eine Person, die mich unterdrückt – und das bin ich selbst. Und gegen mich selbst kann ich schlecht klagen und protestieren.

Nur manchmal hört und liest man etwas von den Menschen, die nicht glauben wollen, dass es so einfach sei, sein Leben aus eigener Kraft entscheidend zu verbessern. So kommentierte im Mai 2015 ein Leser auf der Website einer überregionalen konservativen Tageszeitung einen Bericht über die Generation Y, die neben ihrer Karriere noch ein gutes Leben führen wolle und deswegen anspruchsvolle Forderungen an ihre potenziellen Arbeitgeber stelle, was Gehalt, Kinderbetreuung und Freizeitgestaltung betreffe, folgendermaßen: »Wer sind diese Leute aus der Generation Y? Ich kenne sie nicht, ich kenne Polizisten, eine Krankenschwester, Müllmänner und Busfahrer, und die stellen keine Forderungen an ihre Arbeitgeber.«

Sogar bei der »Süddeutschen Zeitung« führen diese beiden Welten eine friedliche Koexistenz, und es ist möglich, dass in ein und derselben Ausgabe über Erfahrungen sowohl aus der einen als auch aus der anderen Sphäre berichtet wird. Beispielsweise erschien im Mai 2015 ein Artikel über Weltreisende unter dem Titel »Ich bin so frei«. Drei Fragen wurden diesen abenteuerlustigen Menschen gestellt. Die erste Frage hieß: »Wo sind Sie gerade?« (Nepal, Thailand, Brasilien), die zweite Frage war: »In welcher Lage befinden Sie sich?« (wurden gerade von Einheimischen eingeladen, durften bei der Ernte helfen, in einem Ort, wo nicht viele Touristen hinkommen), die dritte Frage lautete

schließlich: »Warum machen Sie das?« (um dem Alltagstrott zu entfliehen, um neue Erfahrungen zu sammeln, um zu mir selbst zu finden).
Zur gleichen Zeit hätte man in der Onlineausgabe im Rechercheblog »Warum die Zukunft der Arbeit jetzt beginnt« stöbern und eines der vielen Interviews mit Menschen mit prekären Jobs lesen können.
Menschen mit prekären Jobs müssen keine Verkäufer oder Friseurinnen sein, erfährt man in diesem Blog, es gibt ausgebildete Wissenschaftler, die mit Mitte vierzig keinen Job mehr in ihrem Bereich finden und daher für 1100 Euro brutto monatlich in einem Callcenter arbeiten, selbstständige Architekten, deren Aufträge nicht ausreichen, um ihre Familien zu ernähren, und die daher nachts Taxi fahren, alleinerziehende Mütter, die ständig mit ihren Verarmungsängsten kämpfen, Grafikerinnen, die Jahrzehnte als Freelancer für Werbeagenturen arbeiten und niemals auf eine Festanstellung klagen würden, weil sie wissen, dass sich das in dieser Branche herumspricht.
Jeder Artikel und jedes Interview aus dieser Recherchereihe erhält unzählige Zuschriften von Menschen, die bestätigen, dass es ihnen ähnlich geht. Kein Wunder, denn nach den aktuellen Zahlen des Statistischen Bundesamtes leben dreizehn Millionen Menschen in Deutschland an oder unter der Armutsgrenze. Meine Träume, schreibt ein Architekt, habe ich schon lange aufgegeben, meine Hoffnung richtet sich immer nur auf den nächsten Auftrag. Ich kann mich nicht erinnern, wann ich das letzte Mal Urlaub gemacht habe, berichtet eine alleinerziehende Mutter, und selbst am Wochenende bin ich manchmal so erschöpft, dass ich nicht einmal Lust auf eine Fahrradtour habe.
Ein Riss geht durch unsere Gesellschaft, und entstanden

ist eine ganz neue Form einer Zweiklassengesellschaft. Auf der einen Seite stehen die, die einfach glücklich sind; auf der anderen die, die meinen, es fehle ihnen noch etwas zu ihrem Glück. Fast könnte man behaupten, dass es heute noch ein klein wenig unangenehmer ist, zur unterprivilegierten Klasse zu gehören, als dies im 19. Jahrhundert der Fall war, denn damals hatte die unterlegene Klasse wenigstens die Moral auf ihrer Seite. Nicht umsonst hatte Friedrich Engels jun. betont, dass er lieber mit den angeblich Verkommenen aus den Armenvierteln Manchesters zusammensaß als mit den Angehörigen der englischen Bourgeoisie, die ihm tief demoralisiert vorkam, weil unheilbar verdorben durch ihren ungezügelten Eigennutz.

Wer glücklich ist, steht auf der richtigen Seite.

Der Riss geht manchmal sogar durch die eigene Person. Wo stehe ich selbst, frage ich mich, denn mal bin ich guter Dinge und fühle mich der einen Seite zugehörig, weil ich im Einklang mit mir selbst zu sein scheine. Dann bricht dieses gute Gefühl wieder ein, und ich fühle mich wie gefangen in der Tretmühle aus arbeiten gehen, Behördenkram erledigen und den ewig gleichen, schalen Vergnügungen. Das sind die Momente, in denen ich plötzlich ganz klar sehe, dass es wahrscheinlich (wenn kein Wunder geschieht) die nächsten zehn, zwanzig Jahre so weitergehen wird.

Man hofft, dass dieses »Das kann doch nicht alles gewesen sein«-Gefühl wieder von selbst verschwindet, und macht weiter wie bisher, so gut es eben geht. Bis einen der nächste aufrüttelnde Appell, endlich das eigene Leben zu leben, erreicht. Dann ist er wieder da – der Gedanke, dass alles doch so viel anders und großartiger sein könnte. Und zwar dauerhaft.

> *Hoffnungen sind auch eine Belastung,
> weil sie mit Erwartungen verbunden sind.*
> Oskar Lafontaine

Wir können nur froh sein, dass die meisten Menschen trotz der vielen Versprechen, dass alles doch ganz anders und sehr viel schöner sein könnte, nicht vor lauter Missmut und Zu-kurz-gekommen-Sein ihr normales Leben dreingeben und Entscheidungen treffen, die sich nur schwer wieder zurücknehmen lassen. Sie buchen vielleicht mal ein Seminar zur Persönlichkeitsentwicklung und genießen das Gefühl, mit anderen Menschen an ihren Träumen zu arbeiten, und kehren anschließend in ihr altes Leben zurück. Es gibt nur wenige Menschen, die nicht bereit sind, sich mit ihrem unspektakulären Leben abzufinden, und ernsthaft auf die Erfüllung aller Träume und Leidenschaften pochen – und zwar nicht irgendwann, sondern hier, jetzt, sofort!

Wie zum Beispiel eine alleinerziehende Mutter nach dem Besuch eines Seminars des Transformationstherapeuten Robert Betz: Sie wollte es wirklich, das Leben, in dem es endlich einmal um sie geht, und sie erkannte klar, dass es ihre Kinder waren, die sie genau daran hinderten. Und deswegen beantragte sie, kaum war sie vom Seminar nach Hause zurückgekehrt, ihre Kinder in ein Heim geben zu dürfen, weil sie sich, so ihre Begründung, ab jetzt um ihre eigenen Bedürfnisse kümmern müsse.

»Sie werden sich die Augen reiben, wenn Sie sehen, wie schnell Menschen aufwachen und ein neues Leben beginnen, weil sie plötzlich etwas Wesentliches verstanden haben«, schreibt Robert Betz auf seiner Website, und er hat recht, denn die Kinder der alleinerziehenden Mutter haben sich definitiv die Augen gerieben, als sie erfuhren, dass diese ein neues Leben beginnen würde – und zwar ohne sie.

Vielleicht geht es dieser Frau wie mir. Mit einer Utopie, die sich nur für wenige erfüllt, hätte sie irgendwie leben können. Aber dass inzwischen so viele andere Menschen das Leben ihrer Träume führen, sie aber nicht, lässt ihr keine Ruhe. Dass sie die Geduld verloren hat, ist kein Wunder, vielleicht hat sie wie ich schon so vieles ausprobiert und dabei immer das Gefühl gehabt, auf der Stelle zu treten. Die Sehnsucht allein nach einem ganz anderen Leben genügt offenbar nicht, um den Verpflichtungen und Widersprüchen eines gewöhnlichen Daseins zu entkommen.

Da es aber schon einige geschafft haben, sich aus ihrem gewöhnlichen Dasein zu befreien, muss es Methoden und Wege geben, die geeigneter sind als die, die ich bisher ausprobiert habe. Vielleicht besteht der erste Schritt auf dem Weg zur eigenen Erlösung darin, sich eine etwas anschaulichere Vorstellung vom zu erreichenden »Paradies« zu machen. Wenn ich meine Vorstellungen davon konkretisiere, was genau es für mich bedeuten könnte, meine Träume zu verwirklichen und jeden Tag mit Freude willkommen zu heißen, dann wüsste ich wenigstens, wie der nächste Schritt aussehen soll.

So, wie man noch vor wenigen Jahren die Erfolgsrezepte finanziell erfolgreicher Männer und Frauen studiert hat, kann es nichts schaden, sich heute genauer anzuschauen, was diejenigen gemeinsam haben, die bereits ein Leben führen, das ihnen entspricht. Wie definieren sie Glück und ein gelungenes Leben? Gibt es viele verschiedene Meinungen darüber, oder lässt sich dabei ein Trend erkennen? Noch gebe ich die Suche nach einem besseren Leben nicht auf.

5
EIN LEBEN IN FÜLLE – WAS SOLL DAS SEIN?
DER NEUE KULT UM EINE FATA MORGANA

Make Yoga!
Cause Yoga means live your life to the fullest.
Werbetafel eines Yogastudios in Berlin,
Prenzlauer Berg

Stellen Sie sich vor, Sie sind ein edler Rappe, mit starken Muskeln und glänzendem Fell. Stolz galoppieren Sie über die Steppe oder streifen durch Wald und Flur. Über jede Minute Ihres Lebens entscheiden Sie selbst, denn Sie haben niemanden über sich, dem Sie gehorchen, und niemanden unter sich, den Sie kontrollieren müssen. Kaum erwacht der Tag, trinken Sie das kalte klare Wasser aus dem Bach und saugen die würzige Morgenluft durch Ihre Nüstern. Der Boden unter Ihren Füßen, der Wald am Horizont, die anderen Pferde – nichts davon besitzen Sie, doch alles gehört Ihnen. Der Wald versorgt Sie mit allem, was Sie brauchen, seine Fülle an köstlichen Kräutern und Früchten scheint unendlich zu sein. In diesem Wald fragt sich kein Rappe, was er wohl morgen zu fressen findet.
Die wahre Natur des Menschen ist die eines Rappen, eines starken, freien und wilden Wesens inmitten eines großen fruchtbaren Waldes. Doch die meisten Menschen sind keine Rappen, sie sind Arbeitsponys, und sie leben nicht im Wald, sondern in einem Stall. Jeden Morgen wird die Tür ihres Gefängnisses geöffnet, und man holt sie heraus, damit sie tun, was andere ihnen sagen. Das Schönste für ein solches Arbeitspony ist, wenn es nach harter Arbeit am Abend in den Stall kommt und dort eine volle Krippe vorfindet. Für den warmen Stall und die volle Krippe tun diese Ponys alles; sie verzichten auf ihr eigenes wildes

Leben, damit man sie streichelt und füttert. Sie schlucken ihren Widerwillen und ihre Wut gegen ihre Herren hinunter, denn genauso, wie sie ihre Herren hassen, sehnen sie sich nach deren Schutz und Zuwendung.

Sie sind ein solches Arbeitspony, jedoch eines, das bereits spürt, dass es da noch mehr geben muss als den Stall und die tägliche Routine – denn sonst hätten Sie dieses Buch (diese CD, diese DVD, dieses Kursangebot) nicht in die Hand genommen. Diese wichtige Erkenntnis ist Ihr erster Schritt in die Freiheit, denn diese Erkenntnis beunruhigt Sie, wühlt Sie auf und weist Ihnen damit den Weg zu Ihrer wahren Bestimmung, nämlich frei und wild zu leben.

Um aus dem Arbeitspony wieder einen stolzen Rappen zu machen, müssen Sie sich von der Last auf Ihrem Rücken befreien. Wie ein Hirte werde ich Sie in diesem Buch an Ihrem Halfter nehmen und Sie auf Ihrem aufregenden Weg in die Freiheit begleiten. Stück für Stück nehmen wir gemeinsam die einzelnen Päckchen von Ihrem Rücken, prüfen deren Inhalt und werden sie dann für immer entsorgen. Vielleicht werden Sie am Anfang auf den neuen und unbekannten Pfaden stolpern. Doch nach und nach werden Ihre Tritte immer sicherer, bis es Zeit wird, den Halfter zu lösen und Sie die Fülle und Wunder der Wildnis auf eigene Faust erkunden zu lassen.

Fanden Sie den vorherigen Absatz interessant, gar inspirierend? Spornt er Sie an, einem Rappen immer ähnlicher zu werden? Oder macht es Sie wütend, als Arbeitspony bezeichnet zu werden? Auf jeden Fall werde ich Sie nicht an Ihrem Halfter nehmen und Sie auf unbekannte Pfade führen. Diesen Text habe ich den Klappentexten diverser Glücksratgeber sowie den Werbebroschüren von Bewusstseinscoachs nachempfunden. Normalerweise folgt nun der Hinweis auf Kurse, Bücher oder Vorträge, mit deren Hilfe man jeden Bereich seines Lebens umfassend bearbeiten kann.

Was dort in vielen Variationen erzählt wird, ist die postmoderne Erlösungsgeschichte. Denn die Sehnsucht nach Erlösung bleibt, auch wenn man als aufgeklärter Mensch weder an das Erlösungsversprechen der Religionen glauben mag noch an die Glückseligmachung durch Wohlstand und Geld. Von einer besseren Gesellschaft als der unseren traut man sich kaum noch zu sprechen. Die Erlösung durch den sozialen Aufstieg ist jedenfalls Geschichte, heute ist das erlöste Wesen kein Selfmade-Millionär mehr, sondern – je nach Geschmack und Glaubensrichtung – mein »besseres Selbst«, »mein wahrhaftiges Wesen« oder das »Ich ohne Ego«.
Wonach sehne ich mich eigentlich konkret, wenn ich meinem wahren Selbst näherkommen möchte und – um bei dem oben genannten Bild zu bleiben – gern ein stolzer Rappe wäre? Die vielen Sinnsprüche, mit denen man mich dazu animieren möchte, bleiben in dieser Hinsicht ziemlich abstrakt. Daher wäre es nicht schlecht, etwas genauer zu wissen, was sich die Person eigentlich vorstellt, die mir empfiehlt, ich müsse anfangen, »richtig zu leben«. Und wieso like ich so eine Empfehlung in den sozialen Netzwerken oder klatsche Beifall, wenn jemand auf einem Poetry Slam genau diese Empfehlung in die Menge ruft? Was vermisse ich in meinem Leben, dass mich das so anspricht? Was soll sich der Meinung von Julia Engelmann nach ändern, wenn sie dichtet, sie fühle sich wie in einem Wartezimmer, in dem sie nie aufgerufen wird? Was ist damit

gemeint, wenn man davon spricht, dieses Wartezimmer zu verlassen, die Segel zu hissen und in die Welt hinauszusegeln oder sich vom Strom des Lebens mitreißen zu lassen?

Wäre es nur ein ungetrübtes und dauerhaftes Glücksgefühl, nach dem ich mich sehne, dann wäre die Sache einfach, denn dann müsste ich bloß Alkohol trinken oder Drogen nehmen. Was aber offenbar viel erstrebenswerter erscheint, ist die Gewissheit, dass das, was ich tue, RICHTIG und WICHTIG ist. Glücklich sein ist mir also nicht gut genug, ich will das Gefühl haben, dass mein Glück sich irgendwie in einen größeren Zusammenhang einfügt. Dass die Welt da draußen an meinem Glück interessiert ist und davon profitiert. Ich will mit meinem Leben nämlich nicht machen, was ich will, sondern ich will wissen, was das Leben von mir will! Wovon ich also erlöst werden will, ist die Unbestimmtheit meiner Existenz.

Das Leben soll mir endlich sagen, was es von mir will!

Das große Versprechen der Propheten der postmodernen Erlösung lautet: Es gibt sie, diese Bestimmung, ich trage sie in mir und werde sie auch zweifelsfrei erkennen, sobald ich sie gefunden habe. Seminartitel wie »Finde die Quelle deiner Lebensfreude« oder »Willkommen im Reich der Fülle« weisen mich bereits darauf hin, dass mein Glück quasi von höherer Stelle gewünscht ist oder, andersrum ausgedrückt, dass mein Glücksgefühl mir genau anzeigt, wenn ich an meinem richtigen Platz im Weltengefüge angekommen bin.

Ich muss mich also nicht am Freitag in der Moschee oder am Sonntag in der Kirche mit dem Abglanz des Paradieses zufriedengeben, und ich muss auch keine Karriere machen oder berühmt werden, um mich von meiner eigenen Unbestimmtheit zu erlösen. Ich muss nur zu mir selbst zurückfinden, um dort anzukommen, wo ich hingehöre, dann – so lautet das neue Erlösungsversprechen – wird die ewige Suche nach dem Sinn des Lebens ein Ende haben.

Was ich im Grunde loswerden will, so paradox das an dieser Stelle klingen mag, ist meine Freiheit, durch die ich so unbestimmt bin. Wie soll ich wissen, dass das »Hissen der Segel« und das »Verlassen des sicheren Hafens« genau in dieser oder jener Handlung besteht, wenn doch jede Handlung nur eine von vielen Möglichkeiten ist, die mir offenstehen?

Es ist meine Freiheit, die mir den Eindruck vermittelt, das Leben habe noch nicht wirklich begonnen! Denn sämtliche Möglichkeiten, die sie mir schenkt, müssen von mir überdacht und anschließend angenommen oder verworfen werden, bis ich *die* Möglichkeit gefunden habe, auf die es ankommt. Eine zeitraubende und anstrengende Sache. Doch die Freiheit, die ich gewonnen habe, indem ich keinen eigenen oder fremden gesellschaftlichen Utopien mehr folge, verliere ich in dem Moment, in dem ich zum Sklaven meiner eigenen Freiheit werde. Manchmal macht es einen schier verrückt, dass man dieses kostbare Geschenk nicht so nutzt, wie man es nutzen könnte – und deswegen auch sollte.

Es gibt eine Untersuchung, die ähnliche Einstellungen und Verhaltensweisen bei europäischen Adeligen, Mitgliedern der unteren Kasten in Indien und Hartz-IV-Empfängern in Deutschland festgestellt hat: Allen gemeinsam war zum Beispiel eine gewisse Gelassenheit dem Leben gegenüber und eine grundlegende Toleranz, die eigenen Fehler und Schwächen betreffend. Man kann aus diesem Untersuchungsergebnis den Schluss ziehen, dass das Akzeptieren der eigenen Stellung – der Adelige aus Spanien, weil er keinen Grund darin sieht, sein Schicksal zu beklagen, der Inder aus der niedrigsten Kaste und der Hartz-IV-Empfänger aus Bremen, weil sie wissen, dass sie nichts Wesentliches an ihrer Stellung ändern können – eine ganz andere Form von Freiheit verleiht.

In seinem Buch »Gesellschaft der Angst« beschreibt der Soziologe Heinz Bude unsere Situation folgendermaßen: »Nicht das Ich, das an die Grenzen des Erlaubten stößt, charakterisiert die Problematik der Gegenwart, sondern das Ich, das sich durch vielfältige und widersprüchliche Ansprüche und Erwartungen überfordert fühlt, dem es unendlich schwerfällt, Grenzen zu setzen, und das von nagenden Zweifeln über seine Beziehungs- Genuss-, Liebes- und überhaupt Lebensfähigkeit beherrscht ist.«

Kurz: Zu viel Gestaltungsfreiheit, was das eigene Leben betrifft, scheint also nicht wenige Menschen ziemlich hilflos zu machen.

Und die Freiheit überlebt keinen einzigen Tag.
Hannah Ahrendt

Deswegen kann ich auch mit Chancen allein nichts anfangen. Chancen auf einen Ausbildungs- oder Arbeitsplatz zum Beispiel machen niemanden glücklich und zufrieden, denn mit wie viel Freude würde jeder von uns sämtliche Chancen dreingeben, wenn er stattdessen etwas tun könnte, was wirklich wichtig ist. Wie Friedrich Engels, der, ohne zu zögern, seine Reputation und seine Privilegien aufs Spiel gesetzt hat, weil er wusste, was er zu tun hatte. Als reicher Unternehmer in einer Zeit, in der die Ungerechtigkeit nur so zum Himmel schrie, musste er seine Bestimmung nicht lange suchen. Und wir hätten das Gleiche getan, hätten wir damals gelebt und seine Möglichkeiten gehabt. Davon sind wir überzeugt.

> Was würden Sie lieber tun –
> in einer Behörde arbeiten
> oder Delfine retten?

Was ich mir also wünsche, ist jemand, der mir den richtigen Ausweg aus meiner Freiheit weist. Der mir zeigt, wo genau mein Wollen und Wirken in dieser Welt gefragt sind. Bis jetzt habe ich ja auf der Suche nach mir selbst nur herausgefunden, wo es das NICHT war. Alles erschien vielversprechend, bis *ich* mich entschied, mich einer Sache zu widmen. Sobald *ich* etwas begann, offenbarte die Angelegenheit ihre Beliebigkeit und wurde wieder zu einer Sache, die man machen, aber auch ebenso gut sein lassen konnte. Das Kunststudium, ein Traum von so vielen jungen Mädchen zum Beispiel. Kaum hatte ich den begehrten Studienplatz an der Universität der Künste in Berlin ergattert, kam es mir nach wenigen Wochen so vor, als müsste ich schon seit Jahren jeden Vormittag von der U-Bahn zum Universitätsgebäude latschen und schon WIEDER im Atelier meine Leinwand aufbauen und meine Malutensilien zurechtlegen. Dass bei meinem Gepinsel jemals ein stilprägendes, epochales Werk herauskommen würde, bezweifelte ich. Genauso, dass es meine Bestimmung sein sollte, wie am Fließband Stillleben zu malen, die sich hinterher kein Mensch anschauen würde. Der Traum vom Kunststudium war wahr geworden, aber ein Irrtum gewesen. Alles hätte ich lieber getan, als in diesen schmutzigen Räumen zu malen und zu zeichnen; wie gerne hätte ich in dieser Zeit Kaffee getrunken und Zeitung gelesen oder mit Freunden einen Ausflug gemacht.

Wäre ich Analphabetin gewesen, müsste ich nicht lange überlegen, was jetzt in meinem Leben am wichtigsten ist. Hätten meine Eltern mich zwangsweise verheiratet, gäbe es keinen Zweifel darüber, dass mir das nicht entspricht, und ich könnte heute wenigstens sagen, dass Heiraten schon mal *nicht* zu mir passt. Und wäre ich in einer Diktatur groß geworden und hätte nicht studieren dürfen, dann wäre auch klar gewesen, wohin mein Weg gegangen wäre. Aber weil das alles nicht der Fall ist, muss ich alleine herausfinden, ob eher das eine oder das andere zu mir passt, ob ich heiraten, studieren, verreisen oder auswandern soll oder nicht. Aber woher soll ich das alles so genau wissen?

Auch wenn die Leute sagen, dass es niemals zu spät ist, sein Leben zu ändern, will ich nicht noch Dutzende Möglichkeiten ausloten und verwerfen und meine Bestimmung erst mit neunzig oder hundert Jahren entdecken. Es gibt Menschen, die ihr ganzes Leben lang auf der Suche nach ihrer Bestimmung sind und erst auf dem Sterbebett erkennen, dass das, was sie zu Lebzeiten für wichtig gehalten haben, in Wirklichkeit ganz und gar unwichtig für sie war. Ich würde aber gerne vorher wissen, worauf es in meinem Leben ankommt. Langsam wird es auch Zeit, denn geht man von einer durchschnittlichen Lebenserwartung aus, habe ich bereits über die Hälfte meines Lebens hinter mir. Die fortwährende Suche nach meiner Bestimmung ist frustrierend, denn sie führt zu nichts. Und dann klicke ich doch wieder auf den Post eines Lebenshilfe-Coachs »Entdecke den Grund deiner Existenz, indem du diese 16 Fragen beantwortest« – nur um wieder enttäuscht festzustellen, dass mich das auch nicht weiterbringt. Es war die rhetorische Frage, mit dem dieser Fragebogen angepriesen wurde, die mal wieder meine Hoffnung geweckt hatte: »Es muss einen Grund geben, warum du auf dieser Welt bist, sonst würdest du ihn nicht suchen, oder?«

> Es muss so etwas wie Bestimmung geben,
> sonst würde ich mich nicht danach sehnen.

Solange ich nicht weiß, wozu ich also auf der Welt bin, werden mir auch Ratschläge wie die von Julia Engelmann nichts nutzen. In ihrem Poetry-Slam-Text empfahl sie ihren Zuhörern, doch endlich zu tun, was sie sich vorgenommen haben, etwa mehr Bücher der Weltliteratur zu lesen oder endlich zu reisen. Aber hätte ich die Notwendigkeit in mir gefühlt, dann hätte ich das blöde Buch doch schon gelesen und die große Reise schon gemacht – muss ich mich denn überreden, das Richtige zu tun? Wo bleibt dieses Gefühl »hier stehe ich und kann gar nicht anders«, durch das sich meine Zweifel und Bedenken in Luft auflösen würden?

So wie Friedrich Nietzsche in seinem Essay »Vom Nutzen und Nachteil der Historie für das Leben« das seltsame Bedürfnis des Bürgertums beklagt, das sich bilden möchte, um gebildet zu sein, und nicht, weil sich in ihrem Leben die Notwendigkeit dazu ergibt, möchte ich nicht um die Welt reisen, Yoga machen oder Delfine retten, nur weil das andere Leute näher zu sich selbst gebracht hat. Was nutzt es mir, wenn ich beispielsweise endlich anfange, Yoga zu machen oder Gitarre zu lernen, wie ich es mir schon so lange vorgenommen habe, nur um dann festzustellen, dass mich das Yoga oder das Gitarrespielen allein nicht »aus dem Wartezimmer meines Lebens« befreit, ich vielmehr nach der ersten Anfangseuphorie feststellen muss, dass ich immer noch im »Wartezimmer« sitze und mir dort drinnen lediglich auf andere Weise die Zeit vertreibe.

Freiheit ist die Freiheit von Zweifeln.

Nur in Krisenzeiten verschwindet diese unerträgliche Beliebigkeit für eine Weile, und dann erfahren Unerlöste wie ich eine Art Pseudoerlösung. Dann kommen auch die Unerlösten in den Genuss von eindeutigen Emotionen. In Zwangssituationen und während Katastrophen sind unsere Gefühle stark und klar. Da muss geweint und getröstet werden, da bangt man um seine Liebsten und freut sich über jede helfende Hand, die einem entgegengestreckt wird. Würde man gar in der Wüste kurz vor dem sicheren Tod durch Verdursten auf einen Menschen mit einer Wasserflasche treffen, würde man plötzlich die Ausführung seines buddhistischen Meisters beim letzten Vortrag verstehen, laut der eine Person, die wach genug ist, JEDEN Menschen lieben könne. Das ist auch der Reiz an Katastrophenfilmen. Bei der Flucht durch die Steppe fallen nach und nach die Nebensächlichkeiten weg, und am Schluss bleibt nur noch das Wesentliche bestehen: Der Mann rettet der Frau das Leben oder umgekehrt – welchen größeren Liebesbeweis kann es geben.

Weil Eindeutigkeit so glücklich macht, werden auch wackelige und unscharfe Handyfilmchen von Menschen, die gerade Elche, Kühe oder Hunde aus prekären Lagen befreien, im Internet tausendfach angeklickt: drei Minuten eindeutige Gefühle als erholsame Pause von der Beliebigkeit des Alltags.

Das Gefühl der Notwendigkeit ist mit Geld nicht aufzuwiegen. Wer zum Beispiel die Berichte der Hochwasserkatastrophe im Jahr 2013 verfolgte, konnte sich nur schwer des Eindrucks erwehren, dass nicht wenige Menschen unter den Herausforderungen, die das mit sich brachte, aufgeblüht sind. Besonders glücklich gemacht hat das Hochwasser eine Mittfünfzigerin aus Sachsen-Anhalt, von der ich im Radio gehört habe. Sie opferte ihren Jahresurlaub und fuhr mit ihrem Auto durch die Dörfer, um die Menschen dort mit Kaffee und Brötchen zu versorgen. Überall, wo sie auftauchte, wurde sie stürmisch begrüßt und umarmt. Mich würde nicht wundern, wenn diese Frau im Nachhinein sagen würde, dass diese Hochwasserwochen die schönsten ihres Lebens waren.

EIN RICHTIGES LEBEN IST EIN LEBEN OHNE KOMPROMISSE!

Richtig zu leben bedeutet also nicht, alles Mögliche auszuprobieren und verrückte Abenteuer zu erleben, wie man fälschlicherweise annehmen könnte, sondern es bedeutet, dass man das Richtige zur richtigen Zeit tut. Nicht mehr und nicht weniger: Ich bin nicht glücklich, wenn ich tun kann, was ich will. Ich bin glücklich, wenn ich weiß, was ich tun muss. Ein riesiger Unterschied.
In Katastrophen- und Krisenzeiten ist es natürlich einfach, das einzig Notwendige zu tun. Aber wie lebt man in seinem normalen Alltag »richtig«? Im Alltag ist das Eigentliche, um das es doch immer gehen sollte, sehr schwer zu

erkennen, denn mein Alltag ist komplex und widersprüchlich. Zwischen den vielen großen und kleinen Pflichten kann man sich leicht verlieren, und selbst wenn man sich vornimmt, an seinem Leben etwas zu ändern, weiß man gar nicht, in welchem Bereich seines Lebens man am besten mit den notwendigen Umwälzungen beginnt.

Um diese Frage für mich zu beantworten, kann ich keine Menschen um mich herum gebrauchen, die ständig Aufbruchsstimmung verbreiten, die sich sowieso bald wieder verflüchtigt; was ich mir vielmehr wünsche, ist eine Person, die mir hilft, meinen mir innewohnenden Plan zu erkennen. Hätte ich einen guten Draht zu meiner sogenannten inneren Stimme, dann könnte ich diesen Plan selbst erkennen. Doch der Kontakt zu meiner inneren Stimme ist abgerissen, oder sie wird von vielen anderen Stimmen übertönt, die mich zu Kompromissen überreden wollen – dem absoluten Feind des »richtigen Lebens«.

Im Grunde genommen weiß ich genau, was die Sprüche in den sozialen Netzwerken und in den Werbeflyern von Karrierecoachs bedeuten und was die Transformationshelfer und Bewusstseinsgurus mir mit ihren Gleichnissen sagen wollen: Das Raupenstadium abzulegen und endlich Schmetterling zu sein, den sicheren Hafen zu verlassen, aus dem Wartezimmer hinaus vor die Tür zu gehen, bedeutet, ein Leben ohne die vielen faulen Kompromisse, wie die meisten Menschen sie eingehen, zu führen.

»Richtig leben« heißt, eindeutig zu sein. Es bedeutet, dass man genau *den* Job macht, den man machen will, und nicht irgendwas arbeitet, weil es sich eben so ergeben hat. Lieber kündigt man und bricht zu neuen Ufern auf, als im falschen Job seine Zeit und Kraft zu verschwenden. Es bedeutet, dass man mit *dem* Partner zusammen ist, der wirklich zu einem passt. Und lieber trennt man sich, anstatt mit dem falschen Partner zusammen zu sein und darauf zu hoffen, bald dem richtigen zu begegnen. Im richtigen Leben hat man Kinder und Haustiere, die Freude machen. Im richtigen Leben bin ich dankbar für das, was ich habe, weil es eben genau zu mir passt. Und wenn es in meinem Leben etwas gibt, das nicht mehr zu mir passt, dann lasse ich es ohne Bedauern hinter mir.

> Lebe mit Freude, träume mit Leidenschaft,
> liebe mit ganzem Herzen.
> Facebook-Post

Daher ist der Ratschlag, auf seine innere Stimme oder sein Herz zu hören, so allgegenwärtig, während ihr angeblicher Gegenspieler, die Vernunft, eher gegeißelt wird. Die Vernunft entscheidet nämlich nicht kraftvoll und spontan, sie bezieht alles mit ein. Sie versucht, aus dem wilden Durcheinander von anerzogenen Denk- und Verhaltensmustern, Gelüsten und kruden Ideen, erworbenen Ängsten, eingetrichterten Normen und Verboten eine einigermaßen logische Einheit herzustellen und sozusagen den kleinsten gemeinsamen Nenner zu finden. Meine Vernunft hat das Studium gewählt, bei dem ich die besten Jobaussichten habe. Meine Vernunft rät mir, nicht zu sagen, was ich denke, weil es sonst eine Menge Ärger gibt. Meine Vernunft will nicht, dass ich die erkaltete Beziehung beende, weil ihr das Alleinsein schlimmer erscheint.
Jedes Mal, wenn die Vernunft ins Spiel kommt, gehe ich Kompromisse ein. Und Kompromisse sind so ziemlich das Gegenteil davon, sich vom Strom des Lebens mitreißen zu lassen.

Die Vernunft hat mich an den Punkt meines Lebens gebracht, an dem ich heute stehe. Doch mit dem, was ich *wirklich* will, hat das wenig zu tun. Mein wahres Selbst kennt keine Kompromisse!

```
Erkenne dich in einem Spiegel,
schaffe Einheit, wo bisher ambivalente
Denk- und Verhaltensmuster den Ausdruck
deines wahren Selbst trüben!
Werbetext auf der Website eines
Bewusstseinscoachs
```

Die Anti-Erlösungsgeschichte ist also die Geschichte eines Lebens voller Kompromisse. Wie zum Beispiel das von meiner Tante, die viel zu jung geheiratet hat und schon lange mit ihrer Ehe unzufrieden war. Natürlich hatte sie ihr Studium aufgegeben und sich nur noch um die zwei Kinder gekümmert, denn ihr Mann, ein Oberstudienrat, verdiente ja genug. Mit Ende fünfzig lernte sie einen zehn Jahre jüngeren Mann kennen, einen Künstler. Sie verliebten sich ineinander, sie gingen aus, hatten Spaß und tollen Sex. Meine Tante wollte sich trennen und mit diesem Mann zusammenleben, der so viel lustiger und netter war als ihr Ehemann. Also ging sie zu einem Scheidungsanwalt und ließ sich beraten, doch der Anwalt riet ihr ab: Von dem Haus, in dem sie mehr als dreißig Jahre gewohnt hat, würde sie nichts bekommen, und die Rente, die sie zu erwarten hätte, sei auch nicht üppig. Nur einen Tag lang musste meine Tante überlegen, dann kehrte sie zu ihrem Mann zurück. Nüchtern hatte sie die Zeit, die ihr bleiben würde, bis der jüngere Mann ihr den Laufpass gab, verglichen mit der Zeitspanne, die sie im Alter allein in einer Anderthalb-Zimmerwohnung würde verbringen müssen. Es war eine vernünftige Entscheidung, das bequeme Alter der unbestimmten Zeit der Liebe vorzuziehen. Sie hat niemandem davon erzählt, außer meiner Mutter, mir und meiner Schwester, denn ihr war klar, was sämtliche Freunde und Bekannte dazu gesagt hätten: dass sie ihr Herz hätte entscheiden lassen sollen, denn schließlich sei es nie zu spät für die Liebe. Und dass es feige und unehrlich von ihr sei, aus Bequemlichkeit bei ihrem Mann zu bleiben, für den sie schon lange nichts mehr empfand.

Es ist kein Wunder, dass Leute, die beginnen wollen, ein besseres und aufrichtigeres Leben zu führen, sich sehr schnell mit dem Problem von Angst und Gier konfrontiert sehen. Denn diese beiden Affekte sind es, die uns in unserem Leben die meisten Kompromisse abnötigen.
Wer weiß, ob wir Besitz überhaupt so wichtig fänden, wenn wir nicht solche Angst vor der Zukunft hätten. Eine Eigentumswohnung zum Beispiel, derentwegen wir uns dann mit unseren Nachbarn auf der Eigentümerversammlung herumärgern müssen und bei der wir für jeden Schaden im Dach und in der Wasserleitung selbst zuständig sind. Für die wir uns verschulden und unfrei machen – nur weil wir Angst vor dem Menschen haben, der sich in dem Viertel, in dem wir wohnen, ganze Straßenzüge leisten kann und dann entscheidet, wer dort wohnen bleiben darf und wer nicht. Vielleicht wird meine Angst größer und größer, und der Verstand kommt auf die Idee, dass es eigentlich zwei Eigentumswohnungen sein müssten, denn wer weiß, ob man sich im Alter überhaupt das Hausgeld leisten kann, da wäre es doch gut, noch Mieteinnahmen von einer anderen Wohnung zu haben. Angst lässt sich wie alle essenziellen Gefühle nur schwer kontrollieren, und man ahnt, dass es einem sehr leicht passieren kann, dass

man einen nicht unbeträchtlichen Teil seiner Lebensenergie investiert, um diese zu bändigen.

*Die Verbindung zu unserer universellen
Quelle, die uns so gerne sicher durch das
Abenteuer unserer Existenz leiten würde,
ist abgerissen. Stattdessen müssen wir nun
alle Entscheidungen aus unserem kleinen,
begrenzten Verstand heraus treffen –
und wundern uns, warum so viel schiefläuft
in unserem Leben.*
Werbetext auf der Website eines
Bewusstseinscoachs

Selbstverständlich wären wir unsere Angst gerne los und deswegen applaudieren wir, wenn uns mal wieder jemand ermahnt, nicht so feige zu sein und richtig zu leben. Denn lieber lässt man sich Feigheit vorwerfen, weil man Feigheit im Prinzip ja noch überwinden kann, als dass man der Tatsache ins Auge schaut, dass Ängste nun mal zum Leben dazugehören.

Angst zu haben und vor lauter Angst gierig zu sein, das kennen wir nur allzu gut. Aber zu unserem wahren Selbst passt es nicht. Bevor man ohne Kompromisse leben kann, müssen wir daher das Problem bei der Wurzel packen. Die Angst muss weg.

Deswegen höre ich genau hin, wenn ich wieder als feige und gierig bezeichnet werde. Entdecke ich irgendwo im Internet einen der vielen Berichte über die Untaten DES GIERIGEN MENSCHEN, in denen ich als Leser kurzerhand der Gruppe von Leuten zugeordnet werde, die mit ihrer Gier unseren Planeten ruinieren, dann leite ich diesen brav weiter, um zu signalisieren: Ja, ihr habt recht, auch ich bin feige und gierig, aber ich arbeite daran, es nicht mehr zu sein!

> *Öffentliche Selbstkritik –*
> *die Absolution heute.*

Es wäre allerdings sehr viel einfacher, meine Ängste zu überwinden und in das Leben zu vertrauen, wenn alle Menschen auf einmal beschlössen, nicht mehr ängstlich und gierig zu sein. Warum sollte ich also, so flüstert mein Verstand, den ersten Schritt machen und der erste erlöste Dumme sein? Man muss sich nur mal vorstellen, man überwindet seine Angst und beginnt etwas Neues, scheitert und steht anschließend schlechter da als zuvor. Ob einem die Menschen, die einem so dringend ans Herz gelegt haben, loszulassen und neue Wege zu gehen, nach dem gescheiterten Versuch wieder auf die Beine helfen, bezweifle ich.

So versucht man doch lieber, so gut es geht, für sich selbst zu sorgen. Manchmal muss man dafür einiges in Kauf nehmen und spürt das auch sehr genau: noch ein schäbiger Kompromiss, der zu den vielen hinzukommt, die man bereits in seinem Leben eingegangen ist.

> *Playing big is about being more loyal*
> *to your dreams than to your fears.*
> *Tara Mohr, amerikanischer Management-Coach*
> *für Frauen*

Irgendwann, wenn man eine klarere Vorstellung davon hat, wie sich die schlimmsten Widersprüche im Leben auflösen lassen, wird man nicht mehr zu solchen Konzessionen bereit sein, das hat man sich fest vorgenommen. Die schäbigen kleinen Kompromisse der anderen kommen einem allerdings verachtenswert vor. Bei anderen sieht man die Möglichkeiten umso klarer und wundert sich, dass sich die Menschen lieber mit ihren Ängsten arrangieren, als diese endlich zu überwinden.

Für sich selbst findet man jede Menge Gründe, warum es gerade nicht geht, sich von seinem Partner zu trennen, und dass es im Grunde verrückt wäre, bei der aktuellen Arbeitsmarktsituation den Job hinzuwerfen, nur weil der nach ein paar Jahren nicht mehr so irre Spaß macht wie am Anfang. Und natürlich kann man bei all dem Stress, den man gerade hat, nicht auch noch seine Ernährung umstellen und mit einem umfangreichen Sportprogramm beginnen, wie es schon länger auf dem Plan steht. Aber die anderen? Was hindert eigentlich die anderen daran, endlich kompromisslos das zu tun, was ihnen die innere Stimme rät?

Plötzlich werden wir für Freunde, Bekannte und Kollegen zu den anderen, die wissen, was gut und richtig für sie ist, und die für jede Lebenssituation den passenden Ratschlag haben. Die überall Möglichkeiten und kaum Hindernisse sehen und denen Dutzende von Menschen einfallen, die sich in viel schwierigeren Situationen aus ihren alten Strukturen gelöst haben.

Um wenigstens das Ziel nicht aus den Augen zu verlieren und die Sehnsucht nach dem anderen Leben wachzuhalten, ermuntern wir uns immer wieder gegenseitig dazu, den radikalen Schritt zu wagen. Mit einem stimmungsvollen Foto zum Beispiel, auf dem eine Frau barfuß über einen Kieselstrand in den Sonnenuntergang hüpft; unter dem Bild steht der Satz: »Sei es dir wert, endlich das Leben zu führen, das du dir wünschst.«

Im Grunde genommen weiß aber jeder, dass das mit der Erlösung von den vielen Widersprüchen des Lebens durch die radikale Aufgabe der alten Strukturen Lug und Trug ist. Man würde daher auch den Freund oder Bekannten, der diese Anregung tatsächlich in die Tat umsetzt, eher für verrückt erklären, als ihn zu bewundern. Man findet es nachvollziehbarer, wenn die Menschen um uns herum an den Sicherheiten, die sie sich aufgebaut haben, »kleben«, als wenn sie diese mir nichts, dir nichts aufgeben.

Man denkt sich also gar nichts dabei, wenn man am Freitag eine Postkarte mit dem Spruch, dass man nie zu alt für Veränderungen sei, an die Pinnwand im Büro heftet, und geht selbstverständlich davon aus, dass sämtliche Menschen sich weiterhin so verhalten, wie man es von ihnen gewohnt ist, und man seine Kollegen pünktlich am Montagmorgen wiedersieht.

> Du bist niemals zu alt für Veränderungen,
> du bist meistens nur zu ängstlich.
> Daher sei nicht zu feige, etwas zu tun,
> was dein Leben verändern würde,
> denn es könnte deine größte Chance sein!
> Facebook-Post

DU MUSST NICHT DAUERND DEIN LEBEN ÄNDERN!

Man hat den Eindruck, dass jeder, der etwas auf sich hält, einmal im Leben mit allem, was ihm lieb und teuer ist, gebrochen haben muss, um zu beweisen, dass er von derartigen Kinkerlitzchen nicht abhängig ist. Der radikale Bruch ist das Distinktionsmerkmal eines neuen Adelsstandes, dessen Mitglieder sich dadurch auszeichnen, dass sie keine Sicherheiten nötig haben. Auch man selbst verspricht sich, dass man irgendwann dazugehören wird: Sobald der richtige Moment gekommen ist, wird man sein

Leben ändern. Dabei könnte es doch sein, dass das Aufgeben von Sicherheiten für mich eine größere Selbstverleugnung bedeutet als die Zugeständnisse an meine Ängste. Wäre es in einem solchen Fall nicht aufrichtiger, zu seinen Ängsten zu stehen? Schließlich geben meine Ängste mir Hinweise darauf, was mir wichtiger ist: ein ruhiger Job oder das große Abenteuer; eine Eigentumswohnung oder meine Freiheit; guter Sex oder eine verlässliche Beziehung im Alter. Und zwar ganz egal, was die anderen mir raten.

Ein Mensch, der sein Leben radikal ändert, nur weil er sich davon verspricht, intensiver zu leben, wäre, um es kurz zu sagen, ziemlich neurotisch. Deswegen machen es auch so wenige, aber alle lesen und hören gern davon, wenn andere es tun. Die Helden dieses modernen Märchens sind die, die von einem Tag auf den anderen sämtliche Sicherheiten gegen waghalsige Ideen eintauschen, die radikal mit ihren Gewohnheiten brechen, die vorher alles falsch und dann alles richtig gemacht haben. Das allerdings ist wichtig. Denn eine Verbesserung muss dieses neue Leben schon sein. Aus dieser Sehnsucht nach dem fernen Paradies, in dem mich nichts und niemand zu irgendwelchen Kompromissen zwingt, schlagen inzwischen auch seriöse Medien Kapital. Ganz gleich, welche Zeitung man aufschlägt, welches Radio- oder Fernsehprogramm man einschaltet – überall wird das Ideal eines Menschen, der stets das Neue wagt, propagiert: Mit größtem Wohlwollen wird in einer Frauenzeitschrift über eine Rechtsanwältin berichtet, die ihre Kanzlei geschlossen hat, um Yogalehrerin zu werden. In einem Wirtschaftsmagazin wird ein ehemaliger Vorstandsvorsitzender porträtiert, der heute Coach für bewusstes Leben ist. Im Radio spricht ein ehemaliger Internist, der eine Cocktailbar aufgemacht hat. »Heute stellen wir Ihnen Menschen vor, die einfach getan haben, was sie wollten, ohne sich im Mindesten vorher abgesichert zu haben«, wird eine TV-Dokumentation angekündigt. Wer wird mir in dieser Sendung vorgestellt, Verrückte? »Auf den nächsten Seiten werden Ihnen Frauen begegnen, die spürten, dass sie am falschen Ort waren, und sich nicht scheuten, daran etwas zu verändern«, heißt es in einer Frauenzeitschrift. Vorgestellt werden drei Frauen, die alles stehen und liegen gelassen haben, um in ein fernes Land auszuwandern. Das ist natürlich schön für sie, aber sind sie deswegen ein Vorbild für uns alle?

Eine Porträtserie von Menschen, die gern etwas auf die hohe Kante legen und sich vor Veränderungen fürchten, die seit Jahrzehnten am selben Ort Urlaub machen und noch nie in ihrem Leben etwas Radikales getan haben, würde wahrscheinlich weniger Anklang bei den Lesern finden. Ganz gleich, wie viel kluge Argumente sie für ihre Lebensweise parat haben.
Aber es soll doch auch Menschen geben, denen ein solches Leben gefällt. Und was ist dagegen einzuwenden? Ich selbst träume von einer Oma, die in einem alten Häuschen in der Nähe von Berlin wohnt und mich, wann immer mir danach ist, mit Rhabarberkuchen und Schlagsahne empfängt. Nie muss ich anrufen und mich wochenlang vorher anmelden, denn sie ist immer da. Nie verkündet diese Oma meiner Träume, wenn wir am Sonntagnachmittag an ihrem Tisch unter dem herrlichen alten Kirschbaum sitzen, dass nun Schluss ist mit Rhabarberkuchen und Sahne, weil sie beschlossen hat, sich gluten- und laktosefrei zu ernähren. Nie hat sie plötzlich keine Zeit mehr für mich,

weil sie die jetzt für sich selbst braucht, und nie verkauft sie Knall auf Fall ihr Häuschen, um woanders hinzuziehen und sich von Grund auf zu verändern. Meine Freunde kommen gern mit, wenn ich an einem Sommertag verkünde, mal wieder meine Lieblingsoma zu besuchen, denn jeder wünscht sich doch Menschen um sich herum, die verlässlich sind, keine überspannten Ideen haben und einfach da sind, wenn man sie braucht. Nur wir, wir dürfen nicht so sein. Wir dürfen nicht kleben an Rhabarberkuchen, Kirschbaum, Gewohnheiten und Bausparvertrag.

Woher weiß die Oma eigentlich, weswegen sie auf der Welt ist? Warum grübelt sie nicht ständig darüber nach, ob sie auf ihrem Gartenstuhl im Wartezimmer des Lebens sitzt? Und ist es grundsätzlich falsch, eine Ausbildung zum Busfahrer oder Verwaltungsfachbeamten zu machen, obgleich man sich nicht vorstellen kann, dass es irgendeine innere Stimme gibt, die empfehlen würde, genau das zu tun?
Im Film »Harry außer sich« von Woody Allen soll der Schriftsteller Harry Block von seiner früheren Universität geehrt werden. Auf der Fahrt dorthin erinnert er sich an seine Kindheit. Er sieht sich mit seiner Mutter in der Praxis eines Psychiaters sitzen, er ist neun Jahre alt, seine Mutter ist aufgelöst. »Stellen Sie sich vor, Herr Doktor, der Junge hat gelesen, dass es in fünf Millionen Jahren kein menschliches Leben mehr auf der Erde geben wird, und nun will er keine Hausaufgaben mehr machen.«

In der wahnwitzigen Begründung des neunjährigen Harry ist die Antwort enthalten, warum es so schwer ist, seine

Bestimmung zu finden: Die Perspektive, mit der wir auf der Suche nach unserem Lebenssinn auf unser Leben blicken, ist zu groß.

Angesichts der Vorgänge im Universum erscheint natürlich alles lächerlich, was ein einzelner Mensch tut. Den Kosmos kümmert es nicht, ob Harry seine Hausaufgaben macht, und schaut man in fünf Millionen Jahren auf die Erde, werden nicht nur Harrys Hausaufgaben, sondern auch die größten Kunstwerke und sämtliche wissenschaftlichen Errungenschaften der Menschheit vergessen sein.

Aber schon die Frage nach meiner Bestimmung erscheint, auf mein tägliches Leben angewendet, viel zu überdimensioniert: Käme ich also etwa auf die Idee, eine Banklehre zu machen, weil ich gut mit Zahlen umgehen kann und mir geregelte Arbeitszeiten entgegenkommen, und man würde mich mitten in der Ausbildung plötzlich mit der Frage konfrontieren, ob dies denn das sei, was ich wirklich wolle, wäre ich verwirrt: Was will ich wirklich? Ich will, dass der Hunger besiegt wird, dass es keinen Krieg mehr gibt und die Menschheit sorgsam mit der Natur umgeht. Das sind Dinge, die ich mir von Herzen wünsche. Trage ich dazu bei, dass meine Wünsche Wirklichkeit werden, wenn ich eine Banklehre mache? Ich befürchte: nein. Es wird sicher sogar Menschen geben, die meinen, dass man ein Menschenleben nicht mehr verschwenden kann, als eine Banklehre zu machen. Aber ich kann mit meinem Beruf meinen Lebensunterhalt verdienen.

Man kann nicht leben, wenn man sich ständig unterbricht und das große Ganze in den Blick nimmt. Doch genau diese Perspektive wird uns permanent von allen Seiten aufgedrängt. Andere zwingen uns mit Sprüchen wie »Jeder

Tag, den du nicht so lebst, wie du es dir wünschst, ist ein verlorener Tag«, von außen auf unser Leben zu schauen, während wir doch mitten dabei sind. Und angesichts der großen Frage, ob ich das Leben führe, das ich mir wünsche, muss mir einfach alles falsch vorkommen. Ich werde natürlich nicht das Reich der Fülle entdecken, während ich meine Wohnung putze, aber danach ist die Wohnung sauber. Sicher hilft es der Menschheit wenig, wenn ich am Abend Fernsehen schaue und Chips und Gummibärchen dazu esse, aber ich hatte nun mal zu nichts anderem Lust. Natürlich macht meine Arbeit nicht immer Spaß, und manchmal muss ich dort Dinge tun, die ich für falsch halte, aber das erscheint mir im Moment der bessere Kompromiss, als zum Arbeitsamt zu rennen.

Als ich mein Kunststudium aufgegeben hatte, saß ich bei meiner Mutter am Küchentisch und überlegte, was ich machen sollte. Meine Mutter sprach ein offenes Wort mit mir: »Weißt du, was dein Problem ist, Rebecca? Du willst immer etwas Besonderes machen, und deswegen kannst du dich nicht entscheiden. Mach doch einfach mal etwas Normales.«
Ich fragte: »Was Normales, was soll das sein?«
»Werde doch Vogelbeobachterin auf einer Hallig«, schlug meine Mutter vor.
Ich war verblüfft, mit allem Möglichen hatte ich gerechnet und mir auch schon entsprechende Widerworte zurechtgelegt, aber dazu fiel mir nichts ein. Meine Mutter erklärte mir, dass sie zufällig etwas über einen Vogelbeobachter an diesem Morgen gelesen und dabei gedacht hatte, das sei auch etwas für mich. Zufällig hatte sie mir damit einen der exotischsten Berufe Deutschlands vorgeschlagen, denn

ganz sicher gibt es unter 80 Millionen Bundesbürgern fünfzigtausendmal mehr Künstler als Spezialisten für die Vogelwelt auf Marschinseln. Was meine Mutter aber eigentlich mit »normal« meinte, ist, dass man durchaus ein Projekt beginnen kann, das einem rein zufällig in den Kopf gekommen ist. Ob das nun eine Ausbildung zur Industriemechanikerin, zur Restaurantfachfrau oder eben ein Ferienjob auf einer Hallig ist.

Was man dann aber gar nicht gebrauchen könnte, wäre ein Freund, der auf der Hallig vorbeikommt und mit einem zweifelnden Unterton fragt, ob es genau das sei, was man schon immer machen wollte. Gute Freunde würden das niemals tun.

Denn: Wer kann schon mit hundertprozentiger Sicherheit sagen, dass einen der gewählte Beruf bis ans Ende seines Lebens erfüllen wird? Wer kann ausschließen, dass er mit einem anderen Job in einer anderen Stadt mit einem anderen Partner nicht glücklicher wäre?

Niemand würde einen Freund, der eine Einladung zum Abendessen ausschlägt, da er fürs Staatsexamen lernen müsse, danach fragen, ob er glaubt, Jura sei genau das Richtige für ihn. Und sogar wenn dieser Freund mitten in der Prüfungsphase selbst am Sinn und Zweck seines Studiums zweifelt, würde man ihn darin bestärken, das Studium zu Ende zu bringen. Das Argument wäre: Auch wenn es nicht genau das ist, was du wolltest, einen Abschluss in der Tasche zu haben schadet nie, und wer weiß, was sich daraus ergibt.

In der analogen Welt wägen wir demnach ab und suchen nach dem vernünftigsten Kompromiss, aber digital schicken wir uns ständig solche »Alles oder nichts«-Botschaften zu. Es ist unverschämt, seine Freunde aufzufordern,

»richtig« zu leben, oder ihnen einzureden, dass sie sich in einem Jahr wünschen würden, noch heute mit irgendetwas Neuem angefangen zu haben. Denn das würde ja voraussetzen, dass das Leben, das die Freunde führen, eine Verschwendung ihrer Lebenszeit ist.

Es gibt keinen Grund, Sprüche dieser Art allzu ernst zu nehmen und sich von ihnen irritieren zu lassen, man kann nämlich immer ein Jahr später bedauern, was man alles nicht getan hat. Man kann es aber auch bleiben lassen, schließlich wird auch das Neue irgendwann das Alte sein und zur Routine werden. Aber eines sollte man auf keinen Fall tun: zu der Abwertung des eigenen Lebens noch den Like-Button drücken oder Beifall klatschen.

WERDEN SIE SELBST ZUM GURU!

Inzwischen hat jeder die gängigsten Botschaften so oft gehört, dass er sie in- und auswendig kann. Und weil diese Botschaften nicht viel mehr gebracht haben, als einen noch unzufriedener zu machen, kann man versuchen, vielleicht doch noch einen Nutzen aus ihnen zu ziehen, und selber einen Blog über Lebenskunst betreiben und Seminare für mehr Glück und Wahrhaftigkeit anbieten. Vielleicht ist das überhaupt der Trick: Anstatt seiner wahren Bestimmung hinterherzurennen, behauptet man einfach, man habe sie schon gefunden und könne nun anderen Menschen dabei helfen, *ihre* wahre Bestimmung zu finden.

Wenn Sie als Coach oder Glücksguru die nötige Überzeugungskraft entwickeln möchten, sollten Sie als Erstes die Sehnsucht Ihrer potenziellen Anhänger nach dem paradiesischen Zustand eines kompromisslosen Lebens wecken. Dies fängt schon bei der Namensgebung der Seminare an: »Entdecke deine wahre Bestimmung«, »Lebe deinen inneren Reichtum« oder »Wecke das Genie in dir« zeigen deutlich, dass es bei Ihnen nicht um die Bewältigung von Alltagsproblemen, sondern um etwas Grundsätzliches geht.

Um diesen paradiesischen Zustand zu beschreiben, erfinden Sie bildreiche, aber dennoch abstrakte Vergleiche. Auf Nachfragen Ihrer Schüler, was diese Vergleiche konkret bedeuten, reicht es aus zu sagen, dass sie das spätestens dann verstehen werden, wenn sie diesen Zustand erreicht haben.

Es ist nicht weiter nötig, seinen Anhängern zu verstehen zu geben, dass sie von diesem Zustand noch weit entfernt sind, denn wenn die Leute nicht davon überzeugt wären, hätten sie sich gar nicht erst an einen Glücksguru gewandt. Es reicht also aus, wenn Sie im zweiten Schritt der Angelegenheit noch die nötige Dringlichkeit geben: Verbinden Sie die Probleme Ihrer Anhänger mit den Problemen in der Welt, behaupten Sie also, dass deren Ängste und Kompromisse Teil dessen sind, was an Schrecklichem und Bösem in der Welt geschieht. Vermeiden Sie jeden Hinweis auf mögliche politische Zusammenhänge, durch die etwa Umweltkatastrophen und schwerste Menschenrechtsverletzungen befördert werden. Machen Sie keinen Unterschied zwischen Ihren Anhängern und den Personen, die tagtäglich von solchen Katastrophen profitieren und denen das Schicksal der Millionen von Menschen, die darunter leiden, gleichgültig ist. Sie wissen doch: Nur wer sich schuldig fühlt, braucht Ihre Hilfe.

Versprechen Sie, dass umgekehrt jeder Mensch, der endlich seine Bestimmung lebt, für mehr Frieden und Harmonie auf dieser Erde sorgt. Je größer hier die Perspektive gespannt wird, desto besser. Wenn Sie sich nicht lächerlich dabei vorkommen, können Sie auch behaupten, dass jede Person, die im Einklang mit sich selbst lebt, zur Harmonie im Universum beiträgt.

Nun kommt die Kür eines jeden überzeugenden Coachings. Sagen Sie, dass Sie gar nicht mehr wissen als Ihre Anhänger, dass also Ihre Anhänger schon genauso weit wären wie Sie, dies aber noch nicht so sehen könnten. Dazu passt auch die paradoxe Aussage, dass es der Verstand wäre, der Ihre Anhänger daran hindere, das Wesentliche zu erkennen. Alles, was geeignet ist, an ebendiesem Verstand zu zweifeln, unterstreicht, dass Sie über Dinge Bescheid wissen, von denen Ihre Anhänger nicht das kleinste bisschen verstehen.

> *Denk nicht so viel nach!*
> Die Lieblingsanweisung von
> Bewusstseins- und Glückscoachs

Auf die Menschen, die spüren, dass vieles in ihrem Leben falsch läuft, braucht man als einigermaßen geschickter Bewusstseinscoach oder Glücksguru nicht lange zu warten. Das war zumindest die Erfahrung eines Mannes, der genau das ausprobiert und in einem Film dokumentiert hat. Der amerikanische Filmregisseur Vikram Ghandi schlüpfte 2008 in eine neue Identität als Guru und nannte sich von da an Kumaré. Er ließ sich Haare und Bart wachsen, kleidete sich in ein rotes Gewand und sprach Englisch mit dem Akzent seiner indischen Großmutter. Als Mantras verwendete er einfach Werbeslogans von Unternehmen und der US-Armee,

die er ins Sanskrit übersetzt hatte, und seine Übungen ähnelten den Yogaübungen, mit denen er seit seiner Kindheit vertraut war.
Von Anfang an, so berichtet Vikram Ghandi im Interview, spürte er, wie viel Kraft die von ihm erfundene Figur besaß, wie viele Menschen an ihn glauben wollten. Bereits bei seinen ersten Auftritten in New Jersey kamen 150 Leute, doch bald wurden es mehr. Nach einer Weile hatte Kumaré ein gutes Dutzend Jünger, die mit seiner Hilfe ihr Leben ändern wollten.
Selbstverständlich ging es Vikram Ghandi nicht darum, sich über die Menschen lustig zu machen, sie vorzuführen und zu zeigen, wie weit er mit ihnen als Kumaré gehen könnte. Er wollte lediglich beweisen, dass es den einen Menschen nicht gibt, der besser als andere weiß, wie man lebt. Die meisten Gurus und Mindcoachs, so die Einschätzung Vikram Ghandis, denken sich – Zitat – »diesen Scheiß« einfach aus.
Tatsächlich blieb Vikram Ghandi alias Kumaré so nah wie möglich bei der Wahrheit, er sagte seinen Jüngern beispielsweise, er sei nicht der, für den sie ihn hielten, oder dass nicht er es sei, der ihnen die Kraft gebe, sondern dass die

Kraft, die sie in seiner Gegenwart verspürten, aus ihnen selber komme. Doch genau diese Sprüche kannten seine Jünger schon aus vielen Selbsthilfeseminaren und -büchern, und daher verstanden sie diese Hinweise nicht.

Was die Glückscoachs können,
das können Sie schon lange!

Das Schöne an Vikram Ghandis Experiment war, dass die meisten seiner Anhänger tatsächlich etwas für sich erreichten: Eine übergewichtige Frau schaffte es, 35 Kilogramm abzunehmen, und eine andere fand den Mut, eine Ausbildung zu beginnen, die sie schon lange machen wollte. Als Vikram Ghandi sich während seines letzten Seminars vor seine Jünger stellte und outete, verließen einige Teilnehmer schockiert den Saal. Die übergewichtige Frau allerdings stand von ihrem Stuhl auf, ging zu ihm nach vorn und umarmte ihn, heute sind die beiden befreundet. Nach dem Outing Ghandis nahm die Frau weitere fünfzehn Kilogramm ab und behauptet immer noch, Kumaré hätte ihr die Kraft dazu gegeben. Der Film beweist es: Jeder von uns könnte die Seiten wechseln, wenn er genug Chuzpe und ein bisschen Fantasie aufbringt. Er beweist aber auch, wie sehr es uns motivieren kann, wenn sich ein anderer Mensch uns zuwendet und mit uns beschäftigt – in welcher Verkleidung auch immer. (Ein Personal Trainer hat auch keine magischen Fähigkeiten, es fällt einfach leichter, regelmäßig Sport zu treiben, wenn man dazu mit einem anderen Menschen verabredet ist.) Vikram Ghandis Lehre war also ganz und gar kein Betrug und seine Seminare wahrscheinlich die besten, die auf diesem Gebiet angeboten werden: Am Anfang profitiert man von dem Vertrauen, das man in den vermeintlichen Guru setzt, und am Schluss wird man mit einem Schlag von allen Abhängigkeiten befreit, da der Guru ja gar kein Guru ist, sondern ein Mensch wie du und ich.

Doch natürlich würde ein einigermaßen anständiger Mensch das Vertrauen anderer nicht derart missbrauchen. Auch Vikram Ghandi gestand in einem Interview, wie unwohl er sich gefühlt habe, und selbstverständlich wollte er die Rolle am Ende seines Experiments sofort wieder loswerden und wieder zu dem werden, was er wirklich war: nämlich Filmemacher. Auch wenn man als Dokumentarfilmer meist deutlich weniger Ruhm erlangt als ein angesagter Guru.

Doch sein Film ist sehr lehrreich. Kumaré

bestärkt uns darin, mehr auf uns selbst zu vertrauen.

Zu einem Guru-Schüler-Verhältnis gehören immer zwei Seiten, die sich darauf einigen, dass wir uns alle in einem großen Täuschungszusammenhang befinden, den nur wenige Auserwählte durchschauen können. Jede Seite nimmt in diesem Spiel eine andere Rolle ein. Die eine Seite weiß, um was es wirklich geht, die andere Seite meint, die wesentlichen Dinge des Lebens nicht erkennen zu können.

Doch je mehr der Schüler daran arbeitet, seinem wahren Selbst näher zu kommen, desto mehr Hindernisse stellen sich ihm in den Weg. Wie viel Problematisches der Schüler oder die Schülerin an sich entdeckt und bearbeitet, es tauchen immer neue Aufgaben auf, die gelöst werden müssen, bevor man zu der Person werden kann, die man wirklich ist. Plötzlich muss noch Frieden mit den Eltern oder den Geschwistern geschlossen werden, bevor man in der Gegenwart leben kann, oder man muss seine Weiblichkeit beziehungsweise Männlichkeit in sich entdecken, bevor es mit dem Glücklichsein losgeht. Man muss sein Opferbewusstsein auflösen und mit Menschen ins Reine kommen, die man nicht mag, sonst

> wird das nie etwas mit dem ungetrübten Selbstausdruck. Und während die Guru-Seite mich darin bestärkt, an mir zu arbeiten, erklärt sie mir, dass mein allergrößtes Problem sei, dass ich nicht erkennen kann, dass bereits alles an mir in Ordnung ist. Ein Zen-Meister aus Korea hat es bei einem öffentlichen Vortrag in Berlin so ausgedrückt: Jeder, der meine, dass es für ihn wertvoller sei, in seinem Vortrag zu sitzen, anstatt in dieser Zeit mit seinen Freunden zusammen zu sein, habe im Grunde seine Souveränität aufgegeben.

Natürlich will ich diese diffuse Erwartung, es könnte eines Tages alles schöner und besser sein, nicht fallen lassen, denn diese Hoffnung ist mein wichtigster Lebensmotor. Wenn ich nicht die Hoffnung hätte, mein Leben und die Welt wenigstens ein kleines bisschen verbessern zu können, gäbe es keinen Grund für mich, morgens aufzustehen.

Mein Fehler war also bisher, dass ich mir vorgestellt habe, mein wahrhaftigeres Leben würde wie mit einem Paukenschlag beginnen. Dass ich also das, was manche Leute »Bestimmung« nennen, durch eine einzige radikale Entscheidung erreichen könnte – deren Richtigkeit ich daran erkenne, dass sie mich total glücklich macht.

Vielleicht kann man aber seine Bestimmung auch mit vielen kleinen Schritten erreichen. Wenn man in den kleinen Dingen des Lebens immer wahrhaftiger, also kompromissloser, wird, ergibt sich das große Ganze womöglich wie von selbst. Und ist es nicht egal, wie schnell oder langsam ich auf meinem Weg vorankomme? Ich muss mich auf diesem Weg schließlich mit niemandem vergleichen oder gar mit jemandem messen. Die Suche nach Authentizität ist kein Wettbewerb. Oder doch?

6
BE YOURSELF – BE UNHAPPY!
WARUM AUTHENTISCH SEIN KEINEN SPASS MACHT

Wer sich auf das Selbst beschränkt, verpasst alles andere.
Gerhard Schulze, Sozialforscher

Vielleicht ergibt sich der Wandel zu einem authentischeren Leben wie von selbst, wenn man wenigstens im Alltag auf seine sogenannte innere Stimme hört. Man kann auch bei vermeintlich unwichtigen Entscheidungen zu sich und seinen Bedürfnissen stehen. Was passt im konkreten Fall besser zu mir, wo kann ich mir heute Gutes tun, wie genieße ich die kleinen Freuden des Lebens? Meine Hoffnung ist, dass ich im Laufe der Zeit meine innere Stimme immer deutlicher vernehme und sie mich Schritt für Schritt zu einem immer stimmigeren Ganzen führt. Ganz unverkrampft und ohne Stress.

Doch kaum hat man sich entschieden, seiner inneren Stimme zu folgen, beginnt das Problem. Man geht nach Feierabend in den Supermarkt, um für sein Abendessen einzukaufen. Im Einkaufswagen liegen bereits Gemüse, Obst, Butter und Wein, und plötzlich packt einen eine unbändige Lust auf ein Stück Fleisch. Eigentlich hatte man sich vorgenommen, überhaupt kein Fleisch mehr zu essen, aber der Wunsch ist zu groß. Das Ärgerliche ist, dass der Supermarkt keine Biofleisch-Theke hat, aber wenn man schon Fleisch isst, dann muss es wenigstens aus artgerechter Tierhaltung sein. Doch Bio-Steaks gibt es nur im Bioladen zwei Straßen weiter. Will man konsequent sein, würde das bedeuten, dass man mit zwei vollen Einkaufstüten am Fahrradlenker zum Bioladen fahren und sich dort ein zweites Mal in eine Kassenschlange stellen müsste. Was sagt nun die innere Stimme? Die Stimme sagt: »Jetzt nimm endlich das Steak, das hier liegt, und mach kein Heckmeck.«

Die innere Stimme weiß auch, dass sie lieber am Wochenende mit dem Auto zum Badesee fährt, obwohl der Verstand sagt, dass man damit genau die Landschaft zerstört, derentwegen man ins Auto gestiegen ist. Die innere Stimme rät zu Pommes und Currywurst und meint, dass man heute Abend das Joggen sein lassen und lieber mit dem guten Freund einen trinken gehen sollte. Unsere innere Stimme weiß nämlich TATSÄCHLICH, was wir WIRKLICH wollen, und es kümmert sie nicht, was wir glauben, wollen zu sollen.

Es war die innere Stimme unserer Mutter, die sie dazu drängte, uns von Zeit zu Zeit zu befehlen, beim Pizzadienst anzurufen und das kapitalistische Spiel aus dem Schrank zu holen. Schöne Abende waren das, wenn wir Pizza mit eigentlich verbotener Salami aßen und bis in die Morgenstunden Monopoly spielten. Besonders schön war, dass wir nach einer derart wilden Nacht nicht in die Schule mussten.

Die Vorstellung ist, dass meine innere Stimme dem Guten und Wahren in mir Gehör verschafft, sodass ich ihr bedenkenlos folgen kann. Wenn anerzogene Denkmuster, gesellschaftliche Erwartungen, Tabus und Moral endlich bröckeln, bricht mit Wucht heraus, wer ich wirklich bin, und es wird keinen Zweifel mehr geben, was zu mir passt und was nicht. Dann wird das Leben einfach sein und die Entscheidungen kraftvoll und klar. Nicht auf sie zu hören

wäre ein Verrat an sich selbst, gefolgt von schlechtem Gewissen und Depressionen.
Doch so einfach ist das leider nicht. Wer seine innere Stimme kennt, weiß genau: Was unsere innere Stimme will, ist unserem Selbstbild und unserer Gesundheit nicht immer förderlich. Es ist daher begrüßenswert, dass von Zeit zu Zeit unser Verstand obsiegt. Dann wird dem Treiben unserer inneren Stimme Einhalt geboten, und man fährt doch zum Biomarkt, trinkt nicht jeden Abend eine Flasche Wein, sagt nicht immer, was man denkt, und geht vor der Arbeit eine Stunde schwimmen.
Die innere Stimme frohlockt bei dem Gedanken, ein Motorrad zu kaufen und damit durch die Gegend zu brettern, der Verstand, der uns unserer ökologischen Verantwortung gemahnt, verdirbt uns den Spaß. Und überhaupt ist die innere Stimme sehr inkonsequent. Hätte man beispielsweise die Gelegenheit, eine der Wohnungen aus der neuen, teuren Wohnanlage, (gegen die man gestern noch protestiert hat) günstig zu ergattern, würde die Stimme in uns wahrscheinlich jubeln.

Die Vernunft muss ständig zwischen der inneren Stimme und unseren Wertvorstellungen vermitteln. Sie erinnert uns an unsere Verantwortung gegenüber anderen Menschen und unseren Haustieren. Sie zügelt uns, wenn wir übertreiben. Die Konflikte zwischen Vernunft und innerer Stimme begleiten uns durch den Tag, und in der Regel haben wir genau dann ein schlechtes Gewissen, wenn wir auf unsere innere Stimme gehört und die Vernunft ignoriert haben – und nicht umgekehrt.

```
             Egal, was ich tue:
         Meine Vernunft sieht alles!
```

Und gerade dieses schlechte Gewissen, welches die meisten unserer Vergnügungen begleitet, ist eigentlich die Voraussetzung dafür, dass wir Vergnügen empfinden können. Der österreichische Philosoph Robert Pfaller erklärt dies in einem »Zeit«-Interview so: »Dinge, die uns Genuss verschaffen, sind immer mit einem Problem behaftet. Sie sind teuer wie Champagner, fett wie Sahnetorte, giftig wie Zigaretten. Das problematisch Lustvolle bricht die ökonomische Logik des Haushaltens – die Vernunft, mit unseren Kräften heute so umzugehen, dass wir morgen noch welche haben. Die unvernünftige Verausgabung beschert uns einen Triumph.« Es sind die Ausnahmen, das Ungesunde und Unvernünftige, das uns Laune macht. Ich esse die Torte nicht, weil sie gesund ist, sondern weil sie mir schmeckt. Es ist auch keine besonders erotische Vorstellung, mit einem Menschen ins Bett zu gehen, der nur die gesundheitlichen Effekte von Sex im Sinn hat. Ich will auch nicht, dass sich jemand mit mir trifft, um seine sozialen Bindungen zu pflegen. Es scheint, dass man besonders dann Freude empfindet, wenn man einfach mal auf das pfeift, was man selbst als gut und richtig erkannt hat. Genuss ist, wenn man's *trotzdem* macht.

Aber die Menschen, die sich vornehmen, mehr ihrer inneren Stimme zu vertrauen, und hoffen, dass ihr Leben dadurch wahrhaftiger wird, wünschen sich eine innere Stimme, die stets genau das sagt, was ihren Idealen entspricht. Ihre innere Stimme soll eine edle sein, die nur Gutes im Sinn hat und zum Beispiel zu viel Bewegung an der frischen Luft rät, sodass sie ihren morgendlichen Jogginglauf so genießen können wie ihre Arbeitskollegin, die gerne Fotos von ihrer Joggingstrecke bei Sonnenaufgang mailt und dazu schreibt, wie sehr sie ihren täglichen »Morning run« liebe. Die innere Wunschstimme sollte außerdem nach Obst und Gemüse gieren, Fast Food und Süßes verabscheuen, sie sollte Weiterbildung toll finden und ständig davon sprechen, wie herrlich es ist, fleißig, aufrichtig, umweltbewusst und liebevoll zu sein. *So* eine innere Stimme würde vielen Leuten gefallen. Wer mit einer solchen inneren Stimme in gutem Kontakt steht, könnte endlich im Einklang mit sich selbst sein und müsste nie wieder ein schlechtes Gewissen haben.

Doch so spricht die innere Stimme nicht, da kann man sich auf den Kopf stellen. Sie lässt sich nicht vorschreiben, was sie als Vergnügen empfinden darf und was nicht. Es liegt in der Natur der Sache, dass die innere Stimme stets in Konflikt mit unseren Wertvorstellungen gerät – ganz gleich, welche Wertvorstellungen wir haben. Bei Konservativen ist die innere Stimme progressiv, bei Radikalen beschwichtigend. Bei Ängstlichen rät sie zum Abenteuer, bei Unstetigen zum Daheimbleiben, beim Sorglosen zur Abgabe der Steuererklärung. Was wir auch gut und richtig finden – unsere innere Stimme ist immer dagegen. Die innere Stimme will keine Harmonie, die sucht Ärger.

> Was immer wir vorhaben –
> unsere innere Stimme ist dagegen.

Wie wandlungsfähig die innere Stimme ist, kann man in dem Film »Zusammen!« von Lukas Moodysson über eine Wohngemeinschaft in Stockholm in den siebziger Jahren sehen. Dort lebt Göran in einer offenen Beziehung mit Lena. Zur Wohngemeinschaft gehören außerdem noch Erik, Anna, Signe, Sigvard, Klas und Lasse und die beiden

Kinder Tet und Måne. Sie alle haben sich zusammengetan, weil sie ein anderes, ein wahrhaftigeres Leben führen wollen. Das bedeutet, dass sie keine bürgerlichen Besitzansprüche mehr an den Partner stellen, kein dumm machendes Fernsehen schauen und natürlich kein kapitalistisches Fast Food essen.

Eines Tages steht Görans Schwester mit ihren beiden Kindern vor der Tür, sie ist vor ihrem gewalttätigen Mann geflohen. Die Kinder der Schwester bringen die Wohngemeinschaft durcheinander und stellen die Werte, die dort herrschen, infrage. Schon bald haben sie Tet und Måne auf ihrer Seite, und es gibt eine Revolution: Die Kinder protestieren und fordern Würstchen, Pommes und Fernsehen, und zwar mit Erfolg. Bald werden die Würstchen gemeinsam vor dem neuen Fernseher gegessen, es ist ein Durchbruch für alle. Endlich passiert etwas, wird aufgeräumt mit den blöden Regeln einer antibürgerlichen Existenz.

So erkennt beispielsweise Göran, wie sehr ihn die offene Beziehung zu Lena quält; als sie wieder fremdgeht, wirft er sie raus. Seine Befreiung beginnt. Und wird selbstverständlich in der nächsten Unfreiheit enden, aus der er sich wieder befreien muss.

»Für den Verstand ist alles kompliziert, für das Herz ist alles einfach« – wer diesen Spruch gut findet oder weiterleitet, gibt damit der Hoffnung Ausdruck, durch die Entscheidung für eine Seite diesem Konflikt für immer aus dem Weg gehen zu können. Ein Unterfangen, welches zum Scheitern verurteilt ist. Zum Glück!

Denn die Konflikte zwischen Verstand und Herz sind die Voraussetzung, dass es überhaupt Momente in unserem Leben gibt, die eine besondere Bedeutung haben. Immer wenn ein innerer Konflikt an einen Punkt kommt, an dem man sich gegen seine eigenen Wertmaßstäbe entscheidet, hat man dieses erhebende Gefühl: Jetzt bin ich am Leben, denn jetzt mache ich, was ich schon lange machen wollte! Es ist also nicht immer nur der Verstoß gegen die Ansprüche und Vorstellungen der anderen, der uns die seltenen Freiheitsgefühle beschert. Manchmal ist es einfach nur der Widerstand gegen die Fesseln, die wir uns selbst auferlegt haben, der uns aufleben lässt. Wie zum Beispiel der Aufstand gegen das Fast-Food-Verbot in der Wohngemeinschaft von Göran.

> Der schönste Triumph ist der Triumph über sich selbst.

Diese Triumphe über das, was eigentlich gut und richtig ist, kann es naturgemäß nur geben, wenn wir überhaupt Wertvorstellungen haben. Und sie können auch nicht von Dauer sein, sonst ruiniert man sich.
Das Gefühl, ganz man selbst zu sein und genau das Richtige zu tun, ist also sehr fragil. Es stellt sich nur ein, wenn Verstand und innere Stimme ausnahmsweise einmal zusammenkommen. Wenn auch der Verstand ruft: Jetzt reicht es, das geht zu weit, so sehr knechten und verstellen muss man sich nicht! Doch ehe man sich's versieht, ist das Hochgefühl auch schon wieder weg. In Krisenzeiten harmonieren beide Seiten öfter, im Alltag schon weniger, und außerdem gibt es noch die Dinge, die Spaß machen, gerade weil sie das Falsche sind. Aber dann kommt hinterher die Reue, so wie bei der Linken-Politikerin Sahra Wagenknecht, die nach einem Hummeressen in einem Straßburger Restaurant Fotos von sich auf der Kamera einer Parteikollegin löschte.

CHAMPAGNER ODER GURKENSMOOTHIE?

Kein Wunder, dass man diejenigen beneidet, bei denen zwischen diesen beiden Polen eine größere Übereinstimmung herrscht. Und davon scheint es inzwischen eine Menge zu geben. In den sozialen Netzwerken demonstrieren zufriedene und glückliche Menschen, dass sie die großen und kleinen Widersprüche in ihrem Leben aufgelöst haben – und regen uns damit an, es ihnen gleichzutun. Diese Männer und Frauen machen aus reiner Freude das, was gut für sie ist, sie genießen es *wirklich*, morgens um sechs Uhr aufzustehen, zu meditieren oder Yoga zu machen. Anschließend trinken sie einen leckeren Gurkensmoothie, den sie vorher aber aus lauter Begeisterung erst einmal fotografieren. Sie müssen sich nicht überreden, weniger Schokolade und Gummibärchen und dafür mehr frisches Gemüse zu essen, sie kämen gar nicht auf die Idee, ihren Körper, diesen heiligen Tempel, mit so etwas Schlimmem wie Sahnetorte zu »verschmutzen«. Sie lieben ihre Familie, ihre Freunde und ihre Partner von Herzen und gönnen ihnen alles Glück auf dieser Welt. Neidgefühle sind ihnen fremd, Hass sowieso, aber auch Überdruss und Langeweile kennen sie nur vom Hörensagen.

I enjoy the foods that are best for my body.
I love every cell of my body.
Facebook-Post

Manche von ihnen bieten uns ihre Hilfe an, wie auch wir uns ein Leben erschaffen, in dem wir uns rundum wohlfühlen. So zum Beispiel eine Glücksberaterin aus Hamburg, deren erklärtes Ziel es ist, dass ihre Klienten wieder in Einklang mit sich und dem Universum kommen. Ihr

Lebensmotto ist, so schreibt sie über sich selbst auf ihrer Website, Achtsamkeit gegenüber allen lebenden Wesen. Dieses Lebensmotto würden sie und ihr Lebenspartner im Umgang mit Menschen, Tieren und Umwelt tagtäglich praktizieren.

Die Glücksberaterin und ihr Freund haben einen Zweitwohnsitz in Indonesien. Mindestens zweimal im Jahr verbringen sie längere Zeit in ihrem Häuschen auf Bali, wo sie sich von der Natur und der unbekümmerten Art der Landsleute inspirieren lassen. Dass es der Umwelt nicht gerade guttut, wenn sie zweimal im Jahr von Hamburg nach Indonesien und zurück fliegen, blenden die beiden offensichtlich aus. Aber vielleicht ist das bei ihnen etwas anderes, und durch ihre Achtsamkeit und den guten Umgang mit Freunden und Tieren wird ihr nicht gerade kleiner CO_2-Fußbdruck ganz bestimmt wieder ausgeglichen.

Der Benediktiner Pater Anselm Grün ist einer der meistgelesenen spirituellen Autoren in Deutschland. Mit seinen Weisheiten und Tipps hilft er vielen Menschen in wichtigen Lebensfragen. Anselm Grün verdient mit Börsenspekulationen und mit seinen Büchern laut eigenen Angaben Millionen. In seinem letzten Buch beschäftigt er sich mit dem Thema »Gier« und schreibt dazu ziemlich treffend, dass man auch gierig und egoistisch sein könne, wenn es nicht um einen persönlich gehe, sondern um seine Kinder, seine Familie, seine Gemeinschaft oder sein Land. In einem Interview zu diesem Buch gesteht er, dass er sehr bescheiden lebe und ihn Luxus nicht interessiere, alles, was er verdiene, bekomme die Abtei. Doch warum empfindet der Pater sich selbst nicht als gierig? Bin dann auch ich nicht gierig, wenn ich zwei Eigentumswohnungen haben will? Schließlich interessiere auch ich mich nicht für Luxus, ich brauche die beiden Wohnungen nur, weil ich mich im Alter so sicher fühlen will wie ein katholischer Pater in seinem Kloster.

Wer manche Fakten ausblendet, muss weniger Kompromisse machen.

Es scheint, dass viele Berater, Glücksgurus und Coachs stärker im Reinen mit sich sind, weil sie gewisse Dinge, die sie in große Konflikte stürzen würden, einfach ignorieren. Beneiden tut man diese Menschen trotzdem. Glück macht einfach selbstsicher. Wer hat das Recht auf seiner Seite – derjenige, der verkniffen auf seinen Traumurlaub verzichtet, weil er kein Ökosünder sein will, und dafür natürlich von niemandem Anerkennung erhält, oder derjenige, der ein Foto von sich und seinem Liebsten am Traumstrand in der Südsee postet mit dem Satz, dass »real love« kein Alter und keine Schranken kenne?

Das Problem ist, dass die Dummen sich immer so verdammt sicher sind, während die Intelligenten an allem zweifeln.
Bertrand Russell

Zum Vorbild taugt ein ständig hin- und hergerissener Mensch jedenfalls nicht. Er würde diese Rolle auch ablehnen, schließlich hat er nicht bei allem, was er tut, ein kantisches Gefühl, also das Gefühl, seine Auffassungen und Handlungen hätten das Zeug dazu, zum allgemeinen Gesetz zu werden.
Ich würde zum Beispiel im Gegensatz zu der Glücksberaterin aus Hamburg zögern, anderen Menschen den Tipp zu geben, sich einen Tag lang vorzunehmen, »ein Glücks-

kind zu sein«, so wie die Glücksberaterin das auf ihrer Website in einer ihrer Tagesbotschaften empfiehlt. Einerseits finde ich den Tipp nicht falsch, aber andererseits würde ich mich sorgen, ob dieser Tipp bei meinen Lesern tatsächlich Glücksgefühle und nicht im Gegenteil eher schwerste Gemütsverfinsterungen nach sich zieht, zum Beispiel, weil einige von ihnen feststellen, dass ihnen dieses Vorhaben nicht gelingt und daher zu ihrem ganzen Unglück noch das Scheitern an meinem Glückstipp hinzukommt.

Die Glücksberaterin hat solche Bedenken nicht, ganz im Gegenteil: Sie hat jede Menge Ideen, wie man glücklicher und wahrhaftiger lebt. In einer anderen Tagesbotschaft macht sie ihre Leser und Leserinnen darauf aufmerksam, dass sogenanntes Pech oder Unglück diese Bezeichnung nicht verdienen, vielmehr fantastische Chancen seien, um aus der vermeintlichen Dualität des Lebens auszusteigen. Gegen meinen Willen (da haben wir sie wieder, die Differenz zwischen innerer Stimme und Vernunft) keimt in mir der dringende Wunsch, just an diesem Tag die Glücksberaterin von zwei maskierten Muskelmännern entführen zu lassen, die sie dann in einem Keller an einen Stuhl binden und ein bisschen verprügeln. In dieser Wunschvorstellung würde ich dann nach einer Weile vor sie treten und sie fragen, ob sie bereits das Gefühl habe, dass das, was sie gerade erlebe, sie aus der Dualität des Lebens befreie, oder ob sie dazu noch ein bisschen Zeit benötige.
Den Bewusstseinsscout Georg, der auf seiner Homepage erklärt, dass es keine Probleme gebe, sondern dass nur meine Einstellung das Problem sei, und diese Erklärung

mit einem fett gedruckten »Alles klar so weit?« abschließt, würde ich gleich mit entführen und verhauen lassen, bis alles klar ist.

Überhaupt wären Schläge und Gewalt ein zielsicheres Mittel, Menschen aus ihrer vermeintlichen Überlegenheit herauszuholen und wieder in die konfliktträchtige Realität zurückzuzwingen. Doch das sind ziemlich hässliche Gedanken, die mich nicht über die Tatsache hinwegtrösten, dass in dieser Realität jeden Tag Dinge stattfinden, die mich immer wieder in Konflikte stürzen.

Es hat daher immer etwas Beruhigendes, wenn selbst ernannte Lebenskünstler das Bild der Harmonie und des Einklangs-mit-sich-selbst nicht mehr aufrechterhalten können. Mit einer Mischung aus Erleichterung und Mitleid liest man beispielsweise in der Zeitung, dass die Schauspielerin, deren Glücksratgeber seit Wochen auf der Bestsellerliste steht, zusammengebrochen ist und in eine Burnout-Klinik eingeliefert werden musste. Manchmal reicht eine solche Nachricht, um sich wenigstens für eine Weile wieder mit sich selbst zu versöhnen.

SCHLUSS MIT DEM SELBSTBEFREIUNGSTERROR!

Es gibt nicht wenige Menschen, die glauben, dass es tief in ihnen drin ein wahres Selbst gibt, das jedoch durch den Einfluss ihrer Eltern, ihrer Lehrer und der Gesellschaft entstellt und verzerrt wurde. Die vordringlichste Aufgabe eines jeden Menschen ist es also ihrer Meinung nach, sich von diesen Vorstellungen anderer zu befreien und so das

»wahre Ich« in seiner ganzen Unverfälschtheit zum Vorschein zu bringen.
Die Suche nach dem »wahren Ich« wird zur Suche nach dem Heiligen Gral. Eines Tages wird man sie gefunden haben, die Wahrheit über sich selbst, und von diesem Tag an wird man wahrhaftig, lebendig und kreativ sein und sich selbst annehmen und lieben können. Bis es so weit ist, ist alles, was man sagt und tut, mit dem Makel der Unaufrichtigkeit behaftet. Erschwert wird diese Suche von dem Umstand, dass das »wahre Ich« auch in der Gegenwart den ständigen Manipulationen von selbst ernannten Lebensberatern, der Familie, den Medien und der Werbung ausgesetzt ist, sodass man manchmal das Gefühl hat, mit dem Abwehren der fremden Einflüsse gar nicht hinterherzukommen.
Ständig befrage ich mich, welche meiner Ideen und Impulse von außen und welche aus mir selbst kommen. Und täglich versuche ich aufs Neue, eine Schneise durch das Dickicht der mich in meinem Selbstausdruck hindernden Bedingungen und Glaubenssätze zu schlagen – nur um festzustellen, dass das gewonnene Gelände bereits am nächsten Tag wieder zugewuchert ist.
Lebensberater und Psychotherapeuten versprechen, uns dabei zu helfen, Widerstände, Ängste, Lebenslügen, Masken und Rollen abzulegen und zu uns selbst zurückzufinden. Und wenn ich alles, was nicht zu meinem Ich gehört, losgeworden bin, werde ich mich mit voller Kraft ins Leben stürzen. Bis dahin muss ich improvisieren.

Wenn ich endlich bin, wie ich wirklich bin, werde ich authentisch leben. Versprochen!

Die Philosophin Rahel Jaeggi gibt zu bedenken, dass man sich mit der Vorstellung eines wahren, unverfälschten Selbst nur unter Druck setzt. Man rennt einem Ideal von Freiheit und Unabhängigkeit hinterher, das vollkommen unrealistisch ist. Das wahre Selbst, völlig losgelöst von den anderen Ausformungen des eigenen Ich, gibt es gar nicht. Jeder Mensch ist eingebettet in soziale Zusammenhänge, in Beziehungen und Arbeitsverhältnisse, zu denen er sich irgendwie verhalten muss. »Und wer in irgendeinem nicht banalen Sinn nach einer ›unberührten‹ ›wahren‹ Natur des Menschen jenseits aller Beeinflussung sucht, wird keine finden«, prophezeit sie im »Plm« – *Philosophie Magazin*.

Der Ratschlag »Mach einfach dein Ding, scheißegal, was die anderen sagen« postet sich daher leichter, als er sich umsetzen lässt. Es ist eben nicht egal, was die anderen sagen. Mit einem Menschen, der das »Scheiß auf die anderen« falsch versteht, mag man nicht gerne zusammenleben. Und auch die Kinder der Mutter, die nach dem Robert-Betz-Seminar beschloss, sich selbst zu finden – scheißegal, was ihre Kinder dazu sagen –, sind nicht zu beneiden.

Wenn man jedoch den Anspruch an sich hat, dass einem die anderen egal sein müssten, wird man sich schnell wie ein Versager vorkommen. Wie ein Hampelmann, der den Großteil seiner Lebenszeit darin investiert, die Ansprüche seines Partners, seiner Freunde, des Arbeitgebers, der Schwägerin und natürlich der eigenen Kinder zu befriedigen. (Über den eigenen Kompromissen vergisst man übrigens manchmal, dass auch die anderen sich auf einen einstellen. Man hat dann den Eindruck, alle anderen täten, was sie wollen, nur man selbst stecke immer zurück.)

Man muss es den anderen ab und zu recht machen, wenn man nicht total vereinsamen will. Wer allzu sehr auf seinen eigenen Bedürfnissen und Wünschen beharrt, hat bald keine Freunde mehr. Von Zeit zu Zeit begehrt man auf gegen diese Abhängigkeit von anderen, man will sie loswerden, am liebsten für immer. Wieder gibt es zwei widerstrebende Bedürfnisse in uns. Das eine ist der sehnliche Wunsch, von anderen Menschen anerkannt und geliebt zu werden; das andere der Wunsch nach Unabhängigkeit. Welches Bedürfnis ist jetzt echter?

Man müsste sich einmal radikal den Einflüssen anderer entziehen, in die Wildnis gehen oder ins Kloster oder zu einem Schweigeretreat nach Bad Meinberg, um das herauszufinden. Dann könnte man sich endlich einmal nur auf sich selbst konzentrieren. Die Hoffnung ist, dass man in der Einsamkeit der Natur sein unverdorbenes Selbst kennenlernt, so wie es Jean-Jacques Rousseau in den »Träumereien eines einsamen Spaziergängers« beschreibt, der vor über zweihundert Jahren mit diesem Werk die Sehnsucht nach seinem eigenen, ursprünglichen Wesenskern populär gemacht hat.

Wie frei und wahrhaftig wäre man, wenn man die anderen nicht mehr nötig hätte? Eine seltsame Frage, denn ohne die anderen wäre man ja gar nicht. Und zwar in jeder Hinsicht. Ohne die anderen könnte man nicht überleben, ohne die anderen hätte man gar keine Identität, ohne die anderen wäre man gar kein Mensch. Wer von sich verlangt, unabhängiger zu werden, als es menschenmöglich ist, wird – das ist unausweichlich – hinter seinen eigenen, unmenschlichen Maßstäben zurückbleiben.

Wie wahrhaftig könnte ich sein –
wenn bloß die anderen nicht wären.

»Es ist okay, in bestimmten Abhängigkeiten zu stecken, es ist okay, nicht alles zu können, es ist okay, nicht immer zu wissen, was wir wollen und ob unser Wille authentisch ist. Unsere Freiheit ist immer relativ, unser Können immer begrenzt und unser Wille immer vermittelt«, schreibt der Philosoph Gilbert Dietrich.

Und auch der amerikanische Sozialpsychologe Mark Leary findet, dass die ewige Suche nach sich selbst zu einer sinnlosen Quälerei geworden ist: »Wir glauben, dass wir ein Kern-Selbst haben, und dem wollen wir entsprechen. Wer das nicht zu schaffen glaubt, leidet wirklich an dieser eingebildeten Unauthentizität.«

Viele Kommentare und Sinnsprüche in den sozialen Netzwerken drehen sich um die These, dass wir aus Angst vor Ablehnung nicht das tun, was wir eigentlich wollen, und suggerieren uns damit, dass wir hier eine wichtige Entwicklungsaufgabe verpasst hätten. Neben dieser Aufgabe zählen unsere beruflichen Erfolge wenig – denn vielleicht haben wir sie nicht wirklich gewollt, nur errungen, weil wir damit andere zufriedenstellen wollten. Dadurch sind wir gesellschaftlich mehr oder weniger anerkannt, aber wir sollten uns nicht darüber freuen, sondern eher traurig sein, denn wir haben dafür etwas unfassbar Kostbares hergegeben: unsere wahre Persönlichkeit.

Es ist, als wäre das Nicht-man-selbst-Sein eine der schlimmsten Sünden der westlichen Gesellschaft. Alles muss echt sein, aus mir selber kommen, meinem authentischen Willen entspringen. Doch je intensiver man nach diesem authentischen Willen sucht, umso verwirrter muss man werden. Ist es zum Beispiel zwingend unauthentisch, andere beeindrucken oder sich bei ihnen beliebt machen zu wollen? Die Frage lässt sich nicht eindeutig beantworten.

Warum man eigentlich so wahnsinnig authentisch sein soll, kann keiner mehr so richtig sagen. Eines ist aber sicher: Wenn man eine Pause bei dieser Suche nach sich selbst einlegen würde, könnte man sich auf andere Dinge konzentrieren. So gestand der Entertainer Harald Schmidt in einem Interview, dass er die Suche nach seinem wahren Ich nicht besonders interessant findet. Auf die Frage, wer er denn hinter der Maske des Showmasters sei, antwortete er, dass er, wenn er auf der Bühne stehe, der sei, der auf der Bühne steht, gehe er zu seinem Auto, sei er der »Über-den-Parkplatz-zu-seinem-Auto-Geher«, und kurz darauf sei er dann eben der »Kinder-vom-Kindergarten-Abholer«. Um all diese oder ähnliche Dinge zu erledigen, müsse er nicht wissen, wer er denn nun wirklich sei.

```
ICH BIN VIELE ODER KEINER

Vor dem Chef oder der Chefin gibt man den
Kompetenten, vor seinen Kollegen den Kum-
pel. Mit seiner Mutter spricht man in der
Regel anders als mit den Nachbarn, mit dem
Partner anders als mit dem besten Freund
und mit dem Handwerker anders als mit
seiner Oma. Manchmal irritiert es einen
selbst, wie leicht man von einer Rolle in
die andere wechseln kann. Aus diesem Um-
stand könnte man die These ableiten, dass
man nie wirklich ganz man selber sei, denn
sonst würde man ja allen Menschen gleich
begegnen. Dieser Gedanke kommt einem meist
```

in der Pubertät, wenn man all diese Rollen hinterfragt und sich vornimmt, jeder Person möglichst unverstellt zu begegnen. Doch irgendwann dämmert es einem, dass dies weder möglich noch wünschenswert ist. Tatsächlich ist es so, dass Menschen als authentisch wahrgenommen werden, wenn sie viele soziale Rollen einnehmen und leicht von einer Rolle in die nächste wechseln können. Menschen, die jedoch immer dieselbe Rolle »spielen«, kommen einem besonders unauthentisch vor. Jeder kennt von früher die Figur des Klassenclowns, der sich selbst auf eine einzige Rolle reduziert – sich also ganz offensichtlich hinter seiner Rolle versteckt. Genauso macht es die Super-Mutter, die sämtliche Tücken des Alltags perfekt meistert und sich nie traut, in eine andere, ihr bisher unvertraute Rolle zu schlüpfen, also zum Beispiel in die der verführerischen Frau oder der ernsthaften Gesprächspartnerin.

Wer nur eine einzige beziehungsweise nur wenige Rollen in dem Gesellschaftsspiel einnimmt, ist also ein Mensch, der Angst hat, sich auszuprobieren. Es gibt auch Rollen, die besonders bequem sind, weil man sich in ihnen anderen überlegen fühlt; warum sollte man also eine solche Rolle freiwillig aufgeben und wieder für eine

> Weile der Gewöhnliche oder der Nichtwissende sein?
> Man kann mit einer gewissen Berechtigung behaupten, dass die Rolle eines Gurus mit der eines Klassenclowns vergleichbar ist. Derjenige, der die Rolle des Gurus einnimmt, schränkt sich jedenfalls ähnlich in seinem Selbstausdruck ein: In der Rolle eines Gurus muss man ständig Vorbild sein, wissen, wie man über die Dinge zu denken und zu fühlen hat, für andere da sein, sie beraten, ihnen helfen. Und natürlich darf man niemals aus der Rolle fallen, also betrügen, lügen, neidisch sein, das Geld von seinen Anhängern vor dem Finanzamt verstecken und – besonders schlimm – mit Chips und Bierflasche vor einer Fernsehshow sitzen.

»Unsere Identität«, so glaubt Rahel Jaeggi, »drückt sich überhaupt nur aus durch die Rollen, die wir im Laufe eines Lebens annehmen und übernehmen.« Ein Mensch kann also nur indirekt über seine Masken zeigen, wer er ist. Das ist doch eigentlich eine gute Nachricht, denn das heißt, dass wir die ganze Suche nach uns selbst nicht so verbissen sehen müssen. Es gehört offensichtlich auch zu uns, wenn wir uns aus Schlauheit verstellen, aus Bequemlichkeit jemandem nach dem Mund reden oder sogar in eine fremde Rolle schlüpfen, weil es einfach Spaß macht, ein anderer zu sein. Denn sosehr man sich auch sucht, kennt man doch die Momente, in denen man genug von sich hat und sich lieber loswerden als selbst finden möchte. Ein Bedürfnis, das auch Jean-Jacques Rousseau nicht fremd gewesen sein dürfte.

7
STELL DIR VOR, DU FINDEST DICH SELBST, UND KEINEN INTERESSIERT'S
DER HARTE KAMPF UM AUFMERKSAMKEIT

Niemand will niemand sein.
Otto Baumgartner-Amstad,
Schweizer Volksbühnenautor

»War gerade bei McFit, hat mir richtig gutgetan«, »Meine Lieblingsmarmelade ist fertig, wer möchte ein Glas?«, »Unsere Kleine hat heute ihren ersten Brei gegessen«, »Nach der langen Tour erst einmal ein kühles Bier vor Hammer-Aussicht« – unsere Posts zeigen, wie tapfer wir versuchen, uns an den kleinen und großen Dingen unseres Lebens zu erfreuen. Meistens bekommen wir für die Nachrichten aus unserem Alltag auch ein paar Likes, oder jemand kommentiert: »Sport muss ich auch mal wieder machen« oder »Marmelade, mit Liebe gekocht, schmeckt doch gleich viel besser«. Aber in Wirklichkeit weiß man, dass sich die anderen nicht besonders für einen interessieren. Warum auch?
Man fordert dieses Interesse auch nicht von seinen Freunden ein, das würde man nie tun. Man teilt seine Erlebnisse und Erkenntnisse lediglich aus reiner Lust an der Freude mit. Das Medium der sozialen Netzwerke eignet sich für die unverbindliche Kontaktaufnahme besonders gut, hier kann man Unwichtiges genauso wie Wichtiges mit anderen teilen, und niemand ist gezwungen, sich das anzuschauen. Alles ist völlig freiwillig. Und deswegen eben auch völlig egal.
»Das tue ich nur für mich selbst« – so lautet das zu erreichende Ideal heute. Die Dinge um ihrer selbst willen zu tun bedeutet, dass ich damit kein weiteres Ziel verfolge,

als zufrieden und glücklich zu sein. Doch was hat man davon?
Irgendwann muss doch mal jemand kommen und sie anerkennen, diese anstrengende Suche nach mir selbst! Den Sport, den ich nur für mich selbst mache, die gesunde Ernährung, die Bereitschaft, täglich dazuzulernen, Fehler zuzugeben und zu meinen Schwächen zu stehen. Mein Bemühen, mich nicht an Sicherheiten zu klammern, nicht an den Partner, die Arbeit, an Besitz. Wann kommt mal jemand und nimmt Anteil an meinem authentischen und erfüllten Leben?

Für wen mache ich das hier eigentlich alles?

Wie an dem Schicksal eines Jungen aus New York, das durch den populären Fotoblog »Humans of New York« des Fotografen Brandon Stanton bekannt geworden ist. In diesem Blog gestand der Zwölfjährige, dass er homosexuell sei und dass er sich deswegen vor seiner Zukunft fürchte. Zwei Tage später schrieb die Präsidentschaftsbewerberin Hillary Clinton einen Kommentar und versicherte ihm, dass seine Zukunft großartig werden würde. Die Moderatorin Ellen DeGenere behauptete gar, dass ihn alle Menschen lieben würden, ja dass sie ihn selbst bereits über alle Maßen liebe – und das, obwohl sie ihn gar nicht kenne. Mehr als 600 000 Amerikaner likten das.
Wie gern würde ich einmal posten, dass ich immer noch nicht weiß, wer ich bin und was ich will, und dass ich Angst habe, dass mein Leben deswegen völlig bedeutungslos ist, und Bundeskanzlerin Angela Merkel schreibt mir zurück, dass sie meine Offenheit über alle Maßen bewundere und dass sie sich die Bundesrepublik Deutschland

ohne mich gar nicht vorstellen könne – und das, obwohl sie mich gar nicht kenne. Dann könnte ich mich mit meiner Unsicherheit versöhnen. Die Bundeskanzlerin findet mein Leben in Ordnung und erkennt meine Offenheit über meine Irrtümer und Erfolge gar als einen wichtigen Beitrag zur gesellschaftlichen Diskussion an. Es würde mir auch nichts ausmachen, in Talkshows und auf Podiumsdiskussionen über meine schwierige Suche nach meiner wahren Bestimmung zu sprechen. Danach würde ich die Mails und Briefe beantworten, in denen mir Männer und Frauen schreiben, wie sehr sie meine Aufrichtigkeit bewegt habe. Vielleicht wird mein Leben mit all seinen Höhen und Tiefen verfilmt. Die Frage nach dem, wer ich bin und was ich will, würde dann etwas von ihrer Dringlichkeit verlieren.

Wie schön ist es, wenn ein anderer Mensch Anteil am eigenen Leben nimmt. Wenn es jemanden gibt, der sagt: »Das finde ich gut, was du machst, es inspiriert mich. Du bist etwas Besonderes, ich bin froh, dass es jemanden wie dich auf dieser Welt gibt.« Wir tun zwar so, als wäre mit der Authentizität alles erreicht, dürsten aber immer noch nach Wahrnehmung und Anerkennung. Das Problem ist: Wir erlauben uns nicht, diese Anerkennung einzufordern. Jedenfalls nicht direkt.

Dafür werden wir zu Meistern des Indirekten. Wir zeigen unseren »Freunden«, wie wir mit anderen Freunden ganz viel Tolles erleben, Reisen machen, uns beim Feierabenddrink in den Armen liegen, am Strand spazieren gehen, mit unseren Hunden kuscheln und mit unseren Kindern um die Wette lachen. Wichtig ist, dass alles den Eindruck vermittelt, dass wir das, was wir am dringendsten brauchen, bereits in ausreichender Menge haben, nämlich die

Aufmerksamkeit der anderen. Doch wenn wir genug davon hätten, müssten wir die Fotos eigentlich nicht ins Internet stellen. Und sobald man seine schönsten und wichtigsten Momente verbildlicht, fällt einem auf, wie trivial sie sind: das Knutschselfie mit Partner vor romantischer Kulisse, die Marmeladengläser auf dem Küchentisch, das verschmierte Kind im Babystuhl, alles schon hunderttausendmal gesehen, nichts davon eignet sich, bei anderen auch nur mehr als ein wohlwollendes Lächeln hervorzurufen.

Ganz Raffinierte sparen sich sogar die Mühe zu erleben, was sie posten wollen, wie die Schwester meiner Freundin Katrin, die bei Ausflügen nach einer halben Stunde umkehrt und im Gasthaus lieber die Wanderschuhe oder Fahrräder der anderen fotografiert, um dann auf Facebook davon zu schwärmen, welch herrliche Wanderung sie heute mit ihren Freunden gemacht hätte.

`Warum überhaupt noch erleben,`
`was man posten will?`

Wie hält man das also aus, dass man die Aufmerksamkeit, nach der man sich so sehnt, nicht einfordern kann? Angesehen ist heute, wer sich einen eigenen, originellen Lebensstil entwirft. Wenn man aber nur originell lebt, um andere zu beeindrucken, führt man natürlich die Freiheit der Selbstverwirklichung ad absurdum. Daher will der moderne Mensch die letzte große Fessel ablegen, die ihn am unverfälschten Selbstausdruck hindert – seine Abhängigkeit von der Wahrnehmung anderer.

Im Internet kursieren Geschichten von Persönlichkeiten, die diese höchste Form der Unabhängigkeit bereits erreicht haben. Es gibt zum Beispiel einen Kurzfilm über einen buddhistischen Mönch, der sich in einem verfallenen Kloster im Himalaya eingerichtet hat. Dort lebt der Tibeter völlig allein und versorgt sich selbst. Täglich fegt er die Terrassen und Wege rund um das Kloster, obwohl niemand vorbeikommt und die gefegten Wege betritt. Nach drei Jahren kommt aber doch jemand vorbei, zückt eine Kamera und interviewt den Mönch. Unter anderem fragt der Interviewer den Mönch, ob er sich freue, dass nach so langer Zeit endlich jemand sein Kloster gefunden habe. »Nein«, antwortet der Mönch, das sei ihm gleich. Das Publikum ist begeistert. Diesen Mann kümmert es nicht, ob jemand gutheißt oder ablehnt, was er tut. Er ist nicht darauf angewiesen, dass man ihn wahrnimmt und lobt. Gerne wäre man wie der Mönch, erhaben über Lob und Kritik, von niemandem abhängig, vollkommen befreit von den Ansprüchen anderer.

> Unabhängigkeit - letzte Utopie der Ungläubigen.
> Andreas Egert, Journalist

Man ist sich selbstverständlich darüber im Klaren, dass die Geschichte ihren Reiz erst durch den Umstand gewinnt, dass wir von der Selbstgenügsamkeit des Mönchs erfahren. Der Filmemacher, der diesen autonomen Menschen entdeckt hat, ist aber auch wirklich zu beneiden. Nun kann er mit seinem Film wieder viele Aufmerksamkeitspunkte sammeln und gleichzeitig zeigen, dass er es für erstrebenswert hält, von der Aufmerksamkeit anderer unabhängig zu sein. Solch eine Lösung dieses Paradoxes gelingt nur selten.

Durch die Bewunderung für diesen Mönch fällt auch ein bisschen Glanz auf uns. Wir würden uns natürlich auch sofort in dieses spirituelle Abenteuer stürzen, wenn wir nicht unsere Eigentumswohnung abbezahlen und unsere Kinder versorgen müssten. Es wäre dann aber toll, wenn man uns beim spirituellen Fegen entdeckt, bevor wir mit dem Besen in der Hand tot umkippen. Was nutzt uns schließlich unsere geistige Unabhängigkeit, wenn niemand davon erfährt?

Natürlich betont jeder, dass es bei diesen und anderen buddhistischen Praktiken eben nicht darum gehe, andere Menschen zu beeindrucken, aber letztendlich entkommt man ihnen damit auch nicht. Denn das sogenannte Loslassen-Können wird ja nicht nur von mir, sondern von vielen Menschen als erstrebenswert empfunden und ist Teil einer jahrhundertealten Tradition. Will sagen, die Nonnen und Mönche, die die Kunst der Enthaltung pflegen, tun dies in der Regel in einem kulturellen Umfeld, in dem genau dies anerkannt ist. Sie verzichten auf vieles und werden dafür von ihrer Umgebung verehrt und auch durch Spenden unterstützt.

Es führt kein Weg daran vorbei, wir brauchen die anderen, damit sie uns wahrnehmen. Sonst bleibt alles, was wir tun, ohne Bedeutung.

So sieht sie also aus, unsere To-do-Liste auf unserem steinigen Weg der Selbsterfüllung. Erster Schritt: authentisch sein. Zweiter Schritt: unabhängig vom Urteil anderer werden. Dritter Schritt: Erfüllung in uns selbst finden und dabei zu einem besseren, weil selbstloseren Menschen werden. Diese Zielsetzung findet im Moment in der westlichen Gesellschaft höchste Anerkennung – und ist der Kern eines Paradoxons, das nicht wenige direkt in die Verzweiflung treibt.

Dass jeder, der seine Selbstverwirklichung ernsthaft in Angriff nimmt, früher oder später auf dieses Paradoxon stößt, zeigt die Geschichte meiner Freundin Silvia, die über eine Partnerbörse Kontakt zu einem Mann aufgenommen hatte. Bei ihrem ersten Date teilte er ihr kurz nach der Begrüßung mit: »Das Wichtigste, was du über mich wissen musst, ist: Mein Ich ist mir nicht wichtig.« Silvia sagte: »Aha«, denn sie wusste nicht so recht, was sie von dieser Ankündigung halten sollte. Bei einem zweistündigen Spaziergang erläuterte er sein Bekenntnis und versprach ihr, einige Links zu schicken, bei denen sie etwas über die Persönlichkeiten erfahren könne, die ihn auf seinem Weg inspiriert hätten. In den darauffolgenden Tagen mailten sie hin und her, und der Mann fragte Silvia, ob sie sich schon die Zeit genommen habe, die Artikel zu lesen und die Vorträge anzuhören, die er ihr empfohlen habe. Silvia verneinte, denn sie hatte gerade viel zu tun und noch keine Zeit gehabt, die vierzehn Links in seinen Mails anzuklicken. Am vierten Tag rief er an: ob sie inzwischen die Vorträge angehört und die Artikel gelesen habe. »Nein«, gab Silvia zu. Sie habe sich aber vorgenommen, am Wochenende mal reinzuschauen. Darauf rief der Mann wütend: »Du interessierst dich gar nicht für mich!«

Wann ist ein Mensch glücklich? Nur dann, wenn er mit anderen Menschen oder mit seiner Umgebung in Resonanz treten kann, meint der Politikwissenschaftler und Soziologe Hartmut Rosa. Und es stimmt, glücklich sind wir, wenn wir uns von anderen verstanden fühlen, mit anderen etwas zusammen erleben oder auf die Beine stellen. Es sind besondere Momente, in denen ich den Eindruck habe, dass sich zwischen mir und anderen Menschen eine Art Gleichklang ergibt. Mit seinen Gedanken und Gefühlen etwas in anderen auslösen zu können – und zwar etwas anderes als Neid – ist eine schöne und befriedigende Erfahrung.

Wir möchten etwas bewirken in dieser Welt, und wir wollen, dass unsere Umgebung auf uns reagiert – allerdings möchte man sich nicht dafür in Szene setzen und sich anpreisen müssen. Ich will nicht den Ausflug mit Freunden an einen Badesee knipsen, zu Hause die Fotos mit Filtern bearbeiten und online stellen, nur um eine halbe Stunde später den Kommentar darunter zu lesen: »Wir sind auch gerade am See, allerdings nicht am Wummsee, sondern am Lago Maggiore, liebe Grüße!«

Wenn man das macht, wird man nämlich das ersehnte Echo gleich zweimal verpassen: einmal, indem man am Badesee zum Beobachter wird, der das Erlebnis auf seine Verwendung fürs Selbstmarketing prüft, und ein zweites Mal, wenn das Publikum sich nicht wie erhofft einschwingt, also mitfreut, sondern die Gelegenheit nutzt, um sich seinerseits darzustellen.

Das Gefühl, dass wir Bedeutsames tun, bekommen wir also nur, wenn andere daran Anteil nehmen. Das setzt voraus, dass unser Tun für andere relevant ist. Doch leider gehört unsere Selbstfindung nicht zu den Themen, die bei anderen ganz oben auf der Interessenliste stehen. Nicht wenige Menschen versuchen, dieses Paradox zu überwinden, indem sie ihre alltäglichen Bemühungen und Aktivitäten zu einem eigenständigen gesellschaftlichen Beitrag hochjubeln.

5 Minuten reichen!
Mit der täglichen Weltfriedensmeditation
kann jeder etwas für den Weltfrieden tun.
Aufruf der Weltfriedensmeditation-Initiative

Deren These ist, dass man die Welt sowieso nicht ändern könne, das Einzige, was man ändern könne, sei man selbst. Und wenn man es also schaffe, wenigstens einen von sieben Milliarden Menschen, nämlich sich selbst, glücklicher und zufriedener zu machen, sei bereits Entscheidendes erreicht.

Diese Vorstellung ist weit verbreitet. Als meine Freundin Katrin beispielsweise mit fünf anderen Eltern einen freien Kindergarten gründen wollte, war es sehr schwierig, sich zu verabreden, schließlich hatten alle kleine Kinder und mussten sich mit ihren jeweiligen Partnern absprechen. Endlich war ein Datum gefunden, an dem sich fünf der Gründungsmitglieder freimachen konnten. Das sechste Gründungsmitglied jedoch konnte nicht, da auch dieser Termin mit einem ihrer drei Yogatermine pro Woche zusammenfiel. Katrin schlug vor, eine der Yogastunden ausnahmsweise ausfallen zu lassen. »Auf keinen Fall«, antwortete die Frau, »mein Yoga ist mir wichtig.« »Das verstehe ich«, meinte meine Freundin, »aber wenn allein du an drei von fünf Abenden nicht kannst, dann schaffen wir es nie, einen gemeinsamen Termin zu finden.« »Aber wenn ich Yoga mache und ausgeglichen und entspannt bin«, rief die Frau, »dann habt ihr doch auch etwas davon.« »Nein«, erwiderte Katrin, »da irrst du dich, davon haben wir gar nichts. Wir haben etwas davon, wenn du zur Besprechung kommst.«

Es ist eigentlich eine Selbstverständlichkeit, anderen relativ ausgeglichen und entspannt zu begegnen, ein erwachsener Mensch sollte für eine solche Leistung keinen Beifall erwarten. Doch inzwischen wird einem an jeder Ecke die Sorge für das eigene Wohlbefinden als Beitrag zum Wohl der Menschheit verkauft. Natürlich hat jeder das Recht, sich vor allen Dingen auf sich selbst und sein eigenes Leben zu konzentrieren. Doch irgendwann wird es einem mit dem eigenen tollen Leben wahrscheinlich zu langweilig, dann wird es Zeit, mit anderen etwas gemeinsam zu machen – und zwar um der Gemeinsamkeit und nicht um der Selbstfindung willen.

AUTHENTISCH IST GUT, AUTHENTISCHER IST BESSER, UND AM AUTHENTISCHSTEN IST EINFACH SUPERKLASSE!

Das Beste, was du je gesehen hast! Ein MUST-SEE, danach wird dein Leben nicht mehr dasselbe sein. Einfach HEARTBREAKING, was dieser dreijährige Junge sagt, nachdem er begreift, was da auf seinem Teller liegt, hör dir das an, du wirst vor Rührung weinen, ist es nicht WUNDERVOLL, wie diese Eltern reagiert haben, nachdem sie erfahren haben, dass ihre Tochter homosexuell ist? Diese Musik ist der HAMMER, selten so etwas GENIALES gehört, dieser Hund ist seinem Herrchen zwei Tage und Nächte nicht von der Seite gewichen und hat ihm so das Leben gerettet – das ist WAHRE Liebe, zu der Menschen nicht fähig sind. Wie diese Frau mit ihrem Schicksalsschlag umgeht, ist AUSSERGEWÖHNLICH! Der beste Film EVER, ich lache mich EINFACH nur weg, SUPERMUTIG, wie dieses Mädchen seinen behinderten Bruder verteidigt, es ist einfach der WAHNSINN, an diesen Tagen mit euch zusammen zu sein, ihr seid einfach UNGLAUBLICH!

> *Have you heard the news everyone's talking*
> *Life is good 'cause everything's awesome*
> *Lost my job, there's a new opportunity*
> *More free time for my awesome community*
> »Everything is awesome!!!«, Filmmusik aus Lego Movie

So fühlen Menschen, die am Leben sind. Die sich nicht mehr verstellen und verbiegen, um falsche Ziele zu erreichen. Deren Lebendigkeit nicht unter der Fuchtel von gesellschaftlichen Normen oder rigiden Glaubenssystemen verkümmert. Ein freier und authentischer Mensch hat die Verlockungen von Ruhm, Macht und Geld durchschaut und behält seine Leidenschaft Dingen vor, die ihm wichtig sind. Dieser Mensch hat aber noch etwas erkannt. Nämlich dass man außerordentliche und intensive Gefühle braucht, um dazuzugehören. Und mit Superlativen, die sämtliche Empfindungen anderer in den Schatten stellen, habe ich sogar die Chance, zum Trendsetter zu werden.
Materielle Statussymbole sind lächerlich geworden, große und echte Gefühle haben ihren Platz eingenommen. Schon längst reicht es nicht aus, vor den Kollegen mit der Einrichtung und dem supercoolen Skioutfit zu protzen. Stolz führen uns andere tagtäglich vor, wie sehr sie in der Lage sind, tiefe Gefühle zu empfinden – sich also von GANZEM Herzen zu freuen, das Zusammensein mit Freunden UNGLAUBLICH zu genießen und die Schönheiten der Natur MIT ALL IHREN SINNEN wahrzunehmen. Glaubt man den Menschen, die zu sich gefunden haben, dann ist das Man-selbst-Sein ein einziger Rausch von Freude und Glück. (Unterbrochen lediglich von den Momenten, in denen sie sich über die Verfehlungen von Menschen empören, die noch nicht zu sich gefunden haben.)

Auch Charlie Brooker, dem bekannten englischen Radiomoderator und Kolumnisten, fällt auf, dass die Leute um ihn herum nur noch Außerordentliches empfinden. In seinem Essay »This awesome dissection of inernet hyperbole will make you cry and change your life« analysiert er anhand der Kommentare zum Kate-Bush-Konzert in London 2014, wie Menschen im Internet heutzutage ihre Gefühle ausdrücken.

Wochenlang hört und liest er, welch Wahnsinnserlebnis das Auftaktkonzert ihrer ersten Tournee seit 1979 im Hammersmith Apollo gewesen sei. Er zitiert Konzertbesucher, die behaupten, dass dieses Konzert ein »lebensveränderndes Erlebnis gewesen sei«, eine »transformative Erfahrung« (was immer das auch ist), sie seien überwältigt gewesen von dem Werk eines – ja, anders könne man das nicht ausdrücken – musikalischen Genies. Und die Ausstrahlung von Kate sei magisch, geradezu überirdisch gewesen, bei jedem Song habe der Raum vibriert. Kurz: Es war das Beste, was diese Besucher jemals in ihrem Leben erfahren durften. Sämtliche Moleküle ihres Körpers seien durcheinandergeworfen und wieder neu zusammengesetzt geworden. Sie seien eingetaucht in die Tiefen des Universums Kate, und am Schluss, während des atemberaubenden Finales, seien sie wieder aufgetaucht, geheilt und geläutert. Und immer noch, twitterten manche, kämen ihnen die Tränen, wenn sie die Eintrittskarte anschauten, die sie als Andenken an diese Erfahrung bei sich trügen.

Charlie Brooker wäre auch gern auf dieses Konzert gegangen, aber natürlich waren sämtliche Konzerte der Tournee binnen einer Viertelstunde ausverkauft. Also fragte er eine Bekannte, der es gelungen war, eine der Karten zu ergattern, wie sie das Konzert erlebt habe. »In der ersten Hälfte war es toll«, meinte die Bekannte, ein bekennender Fan von Kate Bush, »aber die zweite Hälfte war ein bisschen langweilig.«

Seine Gefühle aufzublasen ist der Versuch, sich selbst und seine alltäglichen Angelegenheiten doch noch für andere interessant zu machen. Wenn ich mehr und authentischer empfinde als andere, wird man vielleicht doch auf mich aufmerksam. Leider bietet mein sensationsarmes Leben nicht so viele Gelegenheiten zu beweisen, wie authentisch ich lachen, lieben und weinen kann. Dann müssen eben fremde Erlebnisse her. Ich kann einfach an allem Anteil nehmen, wenn es sein muss. Ich fiebere mit, wenn im Leben anderer Außergewöhnliches passiert, und lobe überschwänglich deren großartige Leistungen und Ideen. Ich trauere ernsthaft um das verstorbene Baby einer mir völlig unbekannten Frau, ich empöre mich darüber, was ein Verrückter zwei Hundewelpen angetan hat, mir laufen Schauer über den Rücken, wenn ich erfahre, mit wie viel Mut eine Person am anderen Ende der Welt auf eine Ungerechtigkeit reagiert hat. Jedes Thema ist mir recht, um daran meine Emotionen zu entzünden.

Die übergroße Sehnsucht nach authentischen Gefühlen erzeugt also einen großen Bedarf an Ereignissen, die mich diese Gefühle überhaupt empfinden lassen. Es muss jedem klar sein, dass die Suche nach Authentizität dadurch in eine Sackgasse gerät, weil hierbei ein Paradox entsteht: Sobald ich unbedingt authentisch fühlen will, steckt eine Absicht dahinter – und die verfälscht zwangsläufig meine Gefühle.

Inzwischen kennt sie jeder, diese gefühlsduseligen Filmchen, die einem ständig zugeschickt werden, damit man mal wieder Anteil daran nehmen kann, was andere Leute Tolles und Echtes empfinden. Das Prinzip ist immer dasselbe, heimlich wird gefilmt, wie Menschen reagieren, wenn sie scheinbar spontan von Fremden zum Tanzen aufgefordert werden oder wenn man sie um Hilfe bittet. Natürlich ist alles inszeniert, wie in einer Version dieser Filme aus London: Schlechte Schauspieler geben vor, sich in einer misslichen Lage zu befinden; da steht zum Beispiel eine alte Frau mit einem zentnerschweren Koffer vor einer langen Treppe, eine andere Frau mit ihrem Kinderwagen vor einem U-Bahn-Eingang, und einem Mann fallen plötzlich die Einkaufstüten zu Boden. Anschließend wird gezeigt, wie andere Passanten den vermeintlich hilflosen Personen zu Hilfe eilen, alles untermalt mit Musik, damit wir auch wissen, wie wir über das, was wir gerade sehen, zu empfinden haben. Nun können wir uns wieder authentisch mitfreuen, wie andere Menschen völlig authentisch ihre Hilfsbereitschaft beweisen. Diese inszenierten Ereignisse werden millionenfach durch die sozialen Netzwerke gejagt, was dabei herauskommt, könnte nicht weiter von Authentizität entfernt sein.

Werden wir jetzt immer gefilmt, wenn wir uns authentisch verhalten?

Was hier beschrieben wird, ist keine Kleinigkeit. Denn durch diesen Missbrauch von Authentizität wird die Selbstverleugnung perfekt. Denn nun geht es nicht mehr darum, gesellschaftlich unerwünschte Gefühle und Gedanken vor anderen zu verbergen. Das gäbe einem nämlich wenigstens die Möglichkeit, diese in aller Heimlichkeit – den Verboten zum Trotz – dennoch zu empfinden. Heute sagt man uns bei jeder Gelegenheit, was wir genau

empfinden sollen, um als authentisch zu gelten. Dazu gehört als Erstes, dass man überhaupt dauernd etwas empfindet, denn vage und indifferente Gefühle sind heute genauso verpönt wie Angst und Wut.
Die Vorschläge für angeblich authentische Gefühle begegnen uns überall: Wir sollen den Spaß unseres Lebens im Urlaub, auf unserer Hochzeit, beim Mädelsabend und beim Betriebsausflug empfinden, wir sollen uns begeistern, empören, vor Rührung weinen, triumphieren, genießen, lachen, schreien, lieben und staunen. Aber das ist noch nicht alles: Nur wenn es mir gelingt, diese Normerfüllung so darzustellen, als käme alles spontan aus mir selbst, kann ich auf Anerkennung hoffen.
Auch dem amerikanischen Schriftsteller David Foster Wallace ist aufgefallen, dass uns bei jeder Gelegenheit Anweisungen gegeben werden, wie wir zu empfinden haben. Als er die erste und letzte Kreuzfahrt seines Lebens im Auftrag des »Harper's Magazine« antritt, bemerkt er, dass sogar auf den Orientierungsplänen des Schiffes zu jedem Standort die entsprechenden Gefühle notiert sind, die man dort haben soll. Auf dem Sonnendeck wird den Kreuzfahrtreisenden empfohlen, sich zu entspannen und die Seele baumeln zu lassen, im Salon sollen sie sich amüsieren und im Casino aufregende Stunden verleben. David Foster Wallace fragt sich in seiner Reisereportage »Schrecklich amüsant – aber in Zukunft ohne mich« zu Recht, warum man nicht selbst entscheiden könne, wann man sich entspannen wolle oder könne. Und ob es nicht erlaubt sei, sich auf dem Sonnendeck zu langweilen?
Aber noch länger als auf einem Kreuzfahrtschiff ist die Vorschriftenliste auf einem Esoterik-Festival. Da steht im Programmflyer nicht etwa, dass morgens ein bisschen

indische Gymnastik veranstaltet wird und am Abend ein paar vegetarische Snacks serviert werden. Vielmehr sollen die Teilnehmer achtsam sein, an zwei Tagen ihr wahres Potenzial entdecken, sich von Meistern inspirieren lassen, ein tiefes und echtes Miteinander erleben und gemeinsam mit den anderen Besuchern eine neue Idee von der Zukunft entwickeln. Dabei weiß doch jeder gute Gastgeber, dass man seinen Gästen zwar Bier, Wein, Salzstangen und Austern hinstellen kann, aber ihnen niemals vorschreiben darf, was sie auf der Party erleben sollen.

Was heute genau von einem modernen Menschen erwartet wird, kann man am deutlichsten auf den neuen Single-Plattformen studieren, auf denen sich Partnersuchende von Marketingprofis in Szene setzen lassen. An den Aufnahmen der Wohnungen kann man sehen, wie man heute eingerichtet sein muss, wenn man authentischen Geschmack beweisen will. Die Lebensansichten der Kandidaten und Kandidatinnen verschaffen einem einen wunderbaren Einblick in das, was man heute so sagt und denkt. Das Beisammensein mit Freunden ist ebenso festgehalten wie die zahlreichen Freizeitaktivitäten. All das zusammen ergibt das Bild eines eigenständigen, interessanten und glücklichen Menschen, der an allem Anteil nimmt und sein Leben genießt.

Gerade weil jeder Hinweis auf die Bedürftigkeit der Kandidaten vermieden wird, springt sie einem an jeder Stelle dieser Porträts entgegen. Bei den liebevollen Nahaufnahmen von Büchern, Designerlampen und geschmackvollen Blumenarrangements. Bei den Rotweingläsern auf Holztischen, um den lachende Freunde herumsitzen, beim Waldspaziergang in farblich abgestimmter Garderobe. Nie wird einer der Kandidaten mit den Worten zitiert: »Ja, ich

habe eine schöne Wohnung, verdiene mein eigenes Geld und habe sogar Freunde, aber im Grunde ist mir das scheißegal, weil ich mich so verdammt einsam fühle.«
Denn das ist nicht das, was sich die potenziellen Partner unter Authentizität vorstellen, und deswegen sagen die auf diesen Plattformen vorgestellten Männer und Frauen natürlich etwas ganz anderes, zum Beispiel wie zufrieden sie mit ihrem Leben sind und dass sie sich bisher auf sich selbst und ihren Beruf konzentriert haben und jetzt wieder Lust haben, sich auf einen anderen Menschen einzulassen.

> Mit diesen Tricks machen Sie das perfekte Selfie für Instagram.
> Nachrichtenmagazin Focus, April 2014

Wir wollen anders sein, aber genauso anders, wie es eben alle anderen sind. Besonders zu sein wird zur Norm, deren Einhaltung uns einen seltsamen Spagat abverlangt. Natürlich hat niemand vergessen, dass Authentizität es meistens mit sich bringt, gegen bestehende Normen zu verstoßen. Die geforderte Andersartigkeit kann also nur derjenige erreichen, der die Normen bricht, die ohnehin gerade im Begriff sind, sich aufzulösen. Wie zum Beispiel das amerikanische Model Tess Holliday, eines der ersten übergewichtigen Models der Welt. Begeistert wird sie als Vorbild gefeiert. Sie hat viele Fans, denn sie zeigt den Frauen, dass man durchaus dick und trotzdem schön und selbstbewusst sein kann. Die nächsten übergewichtigen Frauen müssen sich allerdings etwas Neues ausdenken, denn wie viele sogenannte Fat Models kann es geben?

> Authentisch sein heißt, der Erste sein.

Wer anderen seine Authentizität beweisen will, hechelt also den ständig wechselnden Vorbildern hinterher. Neue Normen müssen gefunden werden, die sich zum scheinbar mutigen Tabubruch eignen. Doch dabei ist Fingerspitzengefühl gefragt, denn das Normenbrechen hat seine Grenzen – schließlich will man dabei nicht riskieren, nicht gemocht zu werden. Der österreichische Schauspieler Hermes Phettberg, der bis vor ein paar Jahren 170 Kilogramm wog und öffentlich erzählte, wie unglücklich er darüber sei, wird nicht als leuchtendes Beispiel gefeiert. Denn dick und unglücklich – das findet das Publikum nicht interessant. Wer authentisch sein will, muss sich anpassen – allerdings so, dass niemand es merkt. Etwas, was Hermes Phettberg offensichtlich nicht kann. In einem Interview erzählt er, dass sein Psychiater ihm nach jahrelanger Therapie bescheinigt habe, dass er untherapierbar sei. Manchmal bekommt Hermes Phettberg Briefe von Frauen, in denen sie ihm ihr eigenes Unglück schildern und ihn um Ratschläge bitten, wie sie damit umgehen sollen. Dann schreibt er zurück: Sie haben mich falsch verstanden, ich bin wirklich unglücklich.

Wie soll man authentisch sein, wenn dies zur wichtigsten Norm in unserer Gesellschaft geworden ist? Wenn sich echte Gefühle kaum noch von Berechnung und Hochstapelei unterscheiden lassen? Unter diesen Bedingungen erscheint die Suche nach sich selbst unmöglich. Sie wird zu einer unlösbaren, paradoxen Aufgabe, von deren Lösung ich mich immer mehr entferne, je heftiger ich mich bemühe, denn sich Mühe geben ist ja nicht gerade authentisch.

Sollte meine Suche nach mir selbst also am Ende angelangt sein? Seit der Aufklärung ringen Menschen darum, ihre eigene, ihnen gemäße Lebensweise zu finden. Es kann doch nicht sein, dass dieses große Projekt einfach nicht gehalten hat, was sich die Menschen davon versprochen haben. Welches wichtigere Ziel könnte es geben, als herauszufinden, wer man ist und wie man leben will? Gibt es überhaupt etwas Erstrebenswerteres als die individuelle Freiheit? Doch warum wurde diese Sehnsucht so vieler Menschen zu einer Art Selbstquälerei, ab welchem Punkt hat die Reise zu sich selbst ihren Zauber und ihre Unschuld verloren? Es ist Zeit für eine neue Utopie.

8
PLÄDOYER FÜR EIN NEUES ALTES IDEAL
WIE MAN WIRKLICH ETWAS BEDEUTSAMES TUT

Mit dieser Welt gibt es keine Verständigung:
Wir gehören ihr nur in dem Maße an,
wie wir uns gegen sie auflehnen.
André Breton

Man stelle sich vor, irgendwo in einer Londoner Wohnung taucht ein bisher unveröffentlichter Brief von Friedrich Engels an Karl Marx auf, in dem dieser seinem Freund die wahren Gründe für seinen Kampf für eine gerechtere Gesellschaft nennt. Durch die Beschäftigung mit der Notlage der Arbeiter, schreibt Friedrich Engels in diesem Brief, komme er sich selbst näher. Bei jedem Einsatz für die gute Sache spüre er sich ganz intensiv und finde sein inneres Gleichgewicht.
Gäbe es diesen Brief – wir wären enttäuscht.
Friedrich Engels wollte nicht ausruhen, seinen Reichtum genießen und seine Potenziale entwickeln, während andere es nicht können. Die Arbeiter waren nicht Mittel zum Zweck. Da er ein echtes Anliegen hatte, hielt er Selbstverwirklichung höchstwahrscheinlich für Zeitverschwendung. Doch wenn man weiterdenkt, muss genau diese Selbstverwirklichung das Motiv für seinen Kampf um mehr Gerechtigkeit gewesen sein; indirekt ging es Friedrich Engels auch um die Selbstverwirklichung, und zwar um die Selbstverwirklichung für alle.
Seine Vorstellung von einer besseren Gesellschaft war möglicherweise, dass irgendwann jeder Mensch die Chance hat herauszufinden, was er mit seinem Leben anfangen möchte. Weil es zur Würde des Menschen gehört, so leben zu dürfen, wie er oder sie es für richtig hält.

Was sich Friedrich Engels allerdings nicht hat vorstellen können, war, welch triviale Formen diese Selbstverwirklichung annehmen kann. Wie hätte er auch vorhersehen können, dass das von ihm bekämpfte System sich die Utopie der individuellen Freiheit einfach einverleiben und sie zu einem Verkaufsschlager machen würde?
Die Selbstverwirklichung als höchste Form der Anpassung begegnet einem auf Schritt und Tritt. Nicht nur auf Facebook und Instagram, wo Menschen sich bemühen, ihr eigenes Leben wie einen Katalog aussehen zu lassen. Die triviale Form der Selbstverwirklichung sitzt mir in der U-Bahn in Gestalt einer jungen Frau gegenüber, die ein T-Shirt trägt, auf dem steht: »Respect your diversity«. Es erscheint müßig, diese Frau darauf hinzuweisen, dass derjenige, der das T-Shirt bedrucken ließ, dies nicht getan hat, um ihre Andersartigkeit zu feiern, sondern um Geld zu verdienen; sie weiß es ja selbst. Aber warum trägt sie das Shirt trotzdem?
Ist dieser Ausverkauf von allem, was spontan, originell und authentisch ist, das Ende des Projekts der Selbstfindung? Hat sich die Suche nach sich selbst überlebt? Wird es also Zeit, dieses Ich, statt es zu entdecken, wieder loszuwerden, wie es Esoteriker und Anhänger des Buddhismus empfehlen, die die Fokussierung auf unser Ich als Quelle allen Leids ansehen? Haben Millionen von Menschen an der falschen Stelle nach dem Sinn des Lebens gesucht? Doch wo sollte man seine Suche sonst beginnen? Und schließlich treibt auch die westlichen Anhänger fernöstlicher Philosophien und Religionen nichts anderes an als der Wunsch, endlich zu sich selbst zu finden.
Auf der anderen Seite erscheint das Leben sehr klein, wenn man keine weiteren Ideale hat, als lediglich sich selbst zu

verwirklichen. Im Grunde genommen kann man sagen, dass derjenige, der nur an sich glaubt, an gar nichts glaubt. »Die Postmoderne ist angetreten mit dem Programm, dass die ›großen Erzählungen‹ wie Christentum, Sozialismus und Aufklärung erledigt seien«, sagt Robert Pfaller in einem Interview mit »NZZ Campus« im Mai 2015. »Wir glauben also angeblich an gar nichts mehr. Wer aber an nichts anderes glaubt, an nichts Größeres oder Kleineres als einen selbst, der glaubt stillschweigend nur noch an sich selbst.«

Wer sich selbst zum Zentrum seiner Bemühungen macht, wird schnell feststellen, dass er sich ein Projekt ausgesucht hat, das nur ihn beziehungsweise maximal die engsten Freunde und Familienmitglieder betrifft. Man muss schon Höchstleistungen auf seinem eigenen Weg vollbringen, wenn man darüber hinaus die Aufmerksamkeit anderer erregen möchte. Und es ist die Frage, ob man das kann oder will. Doch nur für sich selbst zu leben, lohnt sich das? Wer ganz ehrlich ist, spürt deutlich, dass sich das nicht lohnen kann. Es gibt ja sogar Menschen, die finden, dass es sich nicht lohnt, eine warme Mahlzeit zuzubereiten, wenn nicht wenigstens ein anderer mitisst. Wir brauchen wieder etwas, wofür es sich zu leben lohnt. Wir brauchen ein neues, ein großes Ideal.

Welches Ideal könnte also eine ähnlich starke Anziehungskraft entwickeln wie das Versprechen, dass ein jeder auf seine eigene Weise glücklich werden darf? Bei welcher These könnte das Herz höherschlagen als bei der, dass jeder Mensch auf dieser Welt einzigartig ist und deswegen Einzigartiges beizutragen hat? Gibt es eine bessere Grundlage für eine Gesellschaft, als dass in ihr die Möglichkeiten geschaffen werden, dass jedes Mitglied seine Einzigartigkeit auch entdecken kann? Dass also, andersherum ausgedrückt, niemand seine Einzigartigkeit unterdrücken und verleugnen muss, damit das System funktioniert? Ich finde nicht.

Das große neue Ideal – es ist das alte. Es gilt, das alte Ideal der Selbstverwirklichung wiederzuentdecken und neu zu beleben. Denn auch wenn viele behaupten, dieses Ideal sei am Ende und das Einzige, was bei der Selbstverwirklichung herausgekommen sei, sei, dass sich ein jeder nur noch um sich selber drehe und wir eine Gesellschaft hätten, die aus lauter Narzissten bestehe, so würde doch keiner der Kritiker in einer Gesellschaft leben wollen, in der das Individuum und seine Bedürfnisse nicht im Mittelpunkt stehen. Um herauszufinden, wie man zu diesem Ideal steht, sollte man sich übrigens nicht fragen, wofür man leben möchte, sondern wofür man notfalls sterben würde. Nach diesem kleinen Gedankenspiel weiß man nämlich sofort, dass man es unerträglich finden würde, wenn man in seinen persönlichen Freiheiten beschnitten würde, so wie das in vielen Ländern der Fall ist.

Die Selbstverwirklichung ist tot – es lebe die Selbstverwirklichung!

Wir sollten dem Ideal der Selbstverwirklichung wieder den Stellenwert einräumen, den es verdient. Die Suche nach sich selbst beziehungsweise nach seinem eigenen Weg ist mehr als eine Privatsache, sie ist eine Utopie. Und diese Utopie ist noch lange nicht erreicht.

Es ist ja mitnichten so, dass sich bei uns alle Menschen selbst verwirklichen können. Nach wie vor investieren die meisten Menschen einen Großteil ihrer Lebenszeit, um sich ihren Lebensunterhalt zu sichern. Und nicht alle kön-

nen ihren Traumberuf ergreifen oder gar bestimmen, wie lange sie täglich arbeiten wollen. Wann wird es zum Beispiel wie in den Niederlanden die Möglichkeit geben, sich bei jedem Job auszusuchen, ob man acht, sechs oder vier Stunden täglich arbeiten möchte, das heißt, selbst zu entscheiden, was einem wichtiger ist – Geld oder Freizeit?
Wie viele Ladenbesitzer, Kleinunternehmer, Künstler und Designer wurden allein in Berlin aus ihren angestammten Geschäftsräumen vertrieben, weil Investoren die Innenstadt aufkaufen. Von freier Willensentscheidung kann hier keine Rede sein, denn jeder weiß, dass man eine Galerie oder einen Spätkauf nicht genauso gut am Stadtrand eröffnen kann. Wie viele Menschen haben Angst, sich auszuprobieren, weil sie wissen, dass das, was sie vorhaben, beim ersten Anlauf klappen muss – denn einen zweiten oder dritten Anlauf können sie sich nicht leisten. Wie gerne würden manche Menschen in einem Gemeinschaftsprojekt mitmachen; weil am Ende aber doch jeder für sich selbst einstehen muss, tun sie es lieber nicht.
Würde die Gesellschaft wirklich wollen, dass jeder Einzelne sich ausprobieren kann, dann würde sie dafür sorgen, dass nicht nur Ehrgeizige, Wohlhabende, Risikobereite, Selbstbewusste, Einfallsreiche und Bindungsarme ihre Hoffnungen und Träume verwirklichen können. In einer Gesellschaft, in der das Glück des Einzelnen im Mittelpunkt steht, würde auch mehr dagegen getan, dass Einzelne kraft ihres Geldes Macht über viele haben. Aber solange die meisten Menschen glauben, sie müssten selbst ihres Glückes Schmied sein, werden sie eher in einem Bewusstseinsseminar oder einem Meditationskurs nach den Beschränkungen in ihrem Inneren suchen, anstatt sich mit einer Protestgruppe in ihrem Stadtteil für bezahl-

bare Mieten oder in einer Gewerkschaft für gerechtere Löhne einzusetzen.

*Investoren kaufen unser Viertel auf,
und wir gehen zur Lachtherapie.*

Ist es Selbstverwirklichung, wenn man das Gefühl hat, dass man in dieser Gesellschaft kaum mehr bewirken kann, als seine Existenz zu sichern? Das Einzige, was manche von der sogenannten Selbstverwirklichung haben, ist ein schlechtes Gewissen. Denn wo es vor fünfzig Jahren gereicht hat, sich und seine Familie zu ernähren, muss man sich heute vorwerfen lassen, nicht genug aus seinem Leben zu machen. Die Selbstverwirklichung gibt es für viele nur in ihrer negativen Form: als Verfehlung gegen sich selbst.
Für die meisten von uns hat sich die Selbstverwirklichung noch lange nicht totgelaufen. Sie hat uns auch nicht in eine Sackgasse geführt; und wenn sie irgendwann in eine Sackgasse führen sollte, würden wir das gern selbst herausfinden. Bis jetzt hat man es nämlich eher mit einer Art von Selbstverwirklichung zu tun gehabt, die keine ist. Zum Beispiel in Form eines Praktikums in der sogenannten Kreativbranche, bei dem man zehn bis dreizehn Stunden am Tag für das Versprechen arbeitet, angeblich bald seinen Broterwerb mit der Selbstverwirklichung verknüpfen zu dürfen. Dass Menschen irgendwann einmal für den Achtstundentag und eine gerechte Entlohnung ihr Leben gegeben haben, scheint angesichts dieses Versprechens nicht mehr von Belang zu sein.
Die Arbeitgeber von heute suchen Arbeitnehmer, die »kreativ« sind und »eigene Ideen haben«, aber was passieren könnte, wenn Arbeitnehmer wirklich frei und unab-

hängig wären, davor hat man Angst. Einer der am häufigsten genannten Einwände gegen das bedingungslose Grundeinkommen (neben dem Zweifel an der Finanzierbarkeit) lautet, dass man davon ausgehen muss, dass die meisten Leute, wenn sie genug Geld vom Staat bekämen, nicht mehr arbeiten und verkommen würden. Die Vorstellung der Kritiker ist also, dass man die Menschen vor dem, was sie wirklich wollen, schützen müsse. Denn man wisse ja schon, wo das enden würde, wenn hier jeder macht, was er will: auf dem Sofa vor dem Fernsehapparat mit einer Flasche Bier in der Hand. Anders haben die Fabrikbesitzer im 18. Jahrhundert auch nicht über ihre Arbeiter gedacht.

Lassen Sie sich Ihre Authentizität
nicht abkaufen.

Die echte Suche nach sich selbst hat keine Chance, wenn sie ökonomischen Anforderungen unterworfen wird, denn sie braucht aus Prinzip ein offenes Ende. Eine ideale Gesellschaft wäre also eine Gesellschaft, in der ich mir das offene Ende meiner Selbstverwirklichung auch leisten kann – und nicht zum Erfolg verdammt bin. Diese Ergebnisoffenheit ist dahin, wenn ich beispielsweise meine Kinder zum Musikunterricht, zum Sport und zum Sprachkurs schicke, weil ich im Hinterkopf habe, dass dies später ihre Chancen auf dem Arbeitsmarkt erhöht. Das Beherrschen eines Musikinstruments wird zur Soft Skill, und das hat mit Selbstfindung nichts mehr zu tun. Wenn ich mich entdecken will, darf selbstverständlich nicht vorgeschrieben sein, was da in mir zu finden sein soll. Will sagen, wenn ich beginne, ein Musikinstrument zu lernen, und feststelle, dass ich vollkommen unmusikalisch bin, habe ich genauso zu mir gefunden, wie wenn sich zeigen würde, dass ich Talent habe.

Begreift man seine eigene Selbstverwirklichung als Ideal, dann behandelt man seine Suche nach sich selbst nicht als eine Investition, die sich am Ende auszahlen muss. Nicht immer lässt sich diese Suche nämlich direkt verwerten, wie man angesichts der vielen Erfolgsgeschichten, die im Umlauf sind, glauben könnte. Bei anderen mündet die Pilgerreise auf dem Jakobsweg oder der Aufenthalt in der Wildnis in die Veröffentlichung eines Bestsellers. Bei anderen ist die Ernährungsumstellung der Beginn einer wunderbaren Beraterkarriere, und selbst Niederlagen und Schicksalsschläge eröffnen ihnen ganz neue Berufschancen, weil sie das, was sie in der schweren Zeit gelernt haben, gewinnbringend anwenden können.

Wenn ich besser sein muss als andere, bin ich nicht mehr frei.

Selbstverwirklichung wird trivial, wenn man glaubt, dass sie etwas ist, um mit anderen in Wettbewerb zu treten. Denn erst dann kann man auf seinem eigenen Weg in Rückstand geraten und schlechter dastehen als andere. Erst dann entsteht überhaupt der Wunsch, an eine Information zu gelangen, mit der man sich anderen gegenüber einen Vorsprung verschafft. Klicke hier, und du bekommst den ultimativen Schlüssel zu deiner inneren Wahrheit – würde man seine Suche nach sich selbst ernst nehmen, hätte man doch den Ehrgeiz, den Schlüssel selbst zu entdecken! Ganz gleich, wie lange das dauert und ob ich diesen Schlüssel noch zu etwas anderem gebrauchen kann.

SCHLUSS MIT DER SCHULD, HER MIT DER FREIHEIT!

Auf der Suche nach sich selbst muss man nicht um die Welt reisen, man muss auch nicht kreativ sein, um sich selbst zu verwirklichen. Es ist auch nicht notwendig, sich von alten Kindheitsmustern zu befreien, seine wahren Talente zu entdecken, seinen Körper zu lieben, mit sich ins Reine zu kommen, seine Ängste zu überwinden und seine Blockaden aufzulösen, um endlich richtig zu leben. Selbstverwirklichung geht viel einfacher. Selbstverwirklichung beginnt in dem Moment, in dem ich mich all diesen vielen Vorschlägen und Tipps verweigere. Verweigerung ist das stärkste Bekenntnis zu mir selbst. Denn wenn ich mich weigere, mache ich aus der allseits propagierten Selbstverwirklichung wieder das, was sie sein sollte: eine Möglichkeit.

Die Freiheit zur Selbstverwirklichung muss – das liegt in der Natur der Sache – immer die Möglichkeit miteinschließen, sie auszuschlagen, sonst ist sie keine Möglichkeit mehr, sondern ein Zwang.

In dem Moment, in dem man sich die Freiheit nimmt, seine Freiheit nicht mehr nutzen zu müssen, wird man souverän. Es beginnt im Kleinen. Der Regisseur Helmut Dietl bekannte, dass es ein Streitpunkt zwischen ihm und seinen Lebensgefährtinnen gewesen sei, dass er sich stets geweigert habe, einen schönen, sonnigen Tag zu genießen. Er wollte sich nämlich von einem sonnigen Tag nicht vorschreiben lassen, wie er sich zu verhalten und zu fühlen hat. Tatsächlich würde ohne genau diese Souveränität meine Selbstverwirklichung ad absurdum geführt.

Schnell läuft man nämlich Gefahr, zur Marionette seiner eigenen Selbstverwirklichung zu werden. Kaum hat man sich vorgestellt, auf welche Art man glücklich und zufrieden werden könnte, versucht man sich auch schon hineinzupressen in diese Vorstellung von Glück. Für die persönliche Freiheit ist es allerdings gleichermaßen wichtig, unglücklich wie glücklich sein zu dürfen.

Die Schweizer Psychoanalytikerin Maja Storch berichtet von einem Gespräch mit einer Abiturientin, die eine Arbeit über Entscheidungen schreiben und zu diesem Thema von ihr beraten werden wollte. Diese Studentin hatte ihr Thema nicht ohne Grund gewählt, sie hatte selbst Entscheidungsschwierigkeiten, zum Beispiel konnte sie sich einfach nicht entscheiden, was sie studieren wollte. Das lag aber nicht daran, dass ihre Eltern sie in eine bestimmte Richtung drängten; sie hatten ihr gesagt, dass sie alles machen könne, was sie wolle, Hauptsache, es mache sie glücklich. Und genau an dieser Vorgabe verzweifelte ihre Tochter. Es war erleichternd für die junge Frau, als ihr Maja Storch sozusagen von offizieller Seite die Erlaubnis gab, falsche Entscheidungen zu treffen und ganz normal unglücklich werden zu dürfen.

Die Selbstverwirklichung wird zu ihrem Gegenteil, wenn sie gelingen muss. Kein Wunder, dass man dieses komische Gefühl hat, man habe noch nicht angefangen zu leben, denn man würde sich zu keiner Fahrradtour überreden können, von der von vornherein feststeht, dass sie toll werden MUSS. Man hätte keine Lust, Freunde zu treffen, mit denen man den Spaß seines Lebens haben MUSS, eine Hochzeit zu feiern, die eine Sensation sein

MUSS. Wie kann man sich für einen Job entscheiden, der erfüllend sein MUSS, einen Partner wählen, der einen glücklich machen MUSS? Unter solchen Bedingungen kann man sich nicht ins Leben stürzen. Wer übernimmt die Verantwortung, wenn doch alles anders kommt, als ich es mir vorgestellt habe? Und es wird anders kommen, denn das Leben ist immer anders, als ich es mir vorstelle. Die Unfreiheit heute besteht darin, dass man mir die Verantwortung für mein Scheitern und meine Enttäuschungen aufbürdet – und in den sozialen Medien keine Gelegenheit ausgelassen wird, mich auf ebendiese Enttäuschungen und dieses Scheitern hinzuweisen. Viele sehnen sich danach, sich von dieser Bürde zu befreien – denn ehrlich gesagt, könnte man mit einer misslungenen Reise und sogar mit einer erlahmten Liebesbeziehung ganz gut leben; auch die abgebrochene Diät und die gescheiterte berufliche Selbstständigkeit könnte man sich verzeihen. Es ist die Schuld, die einen quält. Das heißt das Gefühl, dass es hätte gelingen können, wenn man es nur richtig angepackt hätte.

Schuld ist der Feind der Freiheit.

Die Tipps und Ratschläge, die mich in solchen Momenten der Enttäuschung erreichen, bestärken mich in dem Gefühl, dass ich es hätte besser machen sollen. Beziehungsweise, dass mein Scheitern nur akzeptabel ist, wenn ich es in Zukunft besser mache, also aus meinen Fehlern lerne. Es sind aber gar nicht meine Fehler, die mich unglücklich machen, sondern die unerfüllbaren Vorgaben, die da lauten, dass alles immer besser sein muss, als es nun einmal ist. Selbst Dinge, die die Tendenz haben, sich unserem Einfluss zu entziehen, wie unsere Gesundheit, das Gelingen der Partnerschaft oder meine Jobsituation, dürfen nicht so sein, wie sie sind, sondern müssen optimiert werden.

Jeden Tipp, den ich mir zu Herzen nehme, jeden Ratgeber, den ich kaufe, jede Lebenshilfe-App, die ich abonniere, ist eine Schuldzuweisung an mich selbst. Ich gebe mir die Schuld, dass ich nicht so schnell in meinem Leben vorankomme, wie ich eigentlich vorankommen müsste. Wäre ich mit dem Tempo meiner persönlichen Weiterentwicklung zufrieden, müsste ich ja keine fremde Hilfe in Anspruch nehmen. Doch wer hetzt mich eigentlich?

Der Strom der vielen Vorgaben, wie ich zu sein habe, reißt niemals ab, ständig erfahre ich von meiner Umgebung, dass ich zu faul, zu ängstlich und zu feige sei, um richtig zu leben. In regelmäßigen Abständen werde ich beschuldigt, sogar an der Zerstörung des Planeten beteiligt zu sein, weil ich mein Ego noch nicht losgeworden bin und meine Gier nicht überwunden habe. Und der angeblich gut gemeinten Versicherung, dass ich alles habe, um glücklich zu sein, wohnt der Vorwurf inne, dass ich nicht glücklich genug sei. Schon die Empfehlung, echt zu sein, ist eine Vorschrift, wie bereits der Philosoph Jean-Paul Sartre erkannt hat. Denn diese Empfehlung setzt voraus, dass ich noch nicht echt bin und es erst werden muss.

Natürlich stellt man sich ab und zu die Frage, was man mit seinem Leben machen will, aber muss die Antwort immer sensationell ausfallen? Ist es schlimm, wenn ich diese Frage nicht sofort und in jeder Phase meines Lebens beantworten kann? Ich lebe ja trotzdem. Vielleicht sollte man sich von der Frage, was ein gutes Leben ausmacht, nicht allzu sehr aus der Ruhe bringen lassen. Sonst wird man am Ende von diesem Herkulesprojekt erdrückt.

Denn was in den sozialen Netzwerken gefordert wird, kann kein Mensch jemals abarbeiten, und selbst wenn es einem gelingen würde, sämtliche Verbesserungsvorschläge umzusetzen, wird man irgendwann auf den Vorwurf stoßen, dass man sich nur um sich selber drehe. Dann ist der Kreis geschlossen, und man kann der Schuld nicht mehr entkommen.

Kein Wunder, dass Instagram und Facebook depressiv machen, dazu braucht man keine Studien zu lesen, man spürt es ja selbst. Hinter jedem Ratschlag steht die Frage, warum ich das, was mir geraten wird, nicht bereits getan habe.

Dabei gibt es keinen Grund, sich schuldig zu fühlen. Selbstverwirklichung ist keine Sache, die man der Welt schuldig ist. Selbstverwirklichung lässt sich nicht an der Anzahl der Freunde, der Intensität des Glücks und dem Fitnesslevel festmachen. Es wäre fatal, wenn ich die irrige Annahme, dass ich endlich glücklich sein werde, wenn ich genug Geld verdiene, lediglich durch eine andere nicht zutreffende Annahme ersetzen würde, nämlich die, dass ich erst glücklich sein darf, wenn ich ganz ich selbst bin.

Solange wir meinen, wir müssten den einzigen und richtigen Weg für uns finden, brauchen wir andere, die uns zeigen, wie das angeblich geht. Und schon sind wir mit den anderen beschäftigt, denn wir müssen ja herausfinden, ob sie tatsächlich im Besitz dieses wunderbaren Geheimnisses sind, wie man richtig lebt. Das heißt, wir müssen ihre Tipps und Methoden ausprobieren. Müssen herausfinden, ob ihre Methode oder unsere Ausführung falsch ist. Wir werden von unseren Vorbildern erst begeistert und dann enttäuscht sein. Lassen wir unser hehres Ziel nicht fallen, müssen wir anschließend neue Vorbilder suchen und hoffen, dass diese uns endlich helfen können, uns selbst zu entdecken. All das ist ziemlich anstrengend.

Wenn wir uns von unserem Anspruch befreien, Fortschritte machen zu müssen, werden wir wieder unabhängig. Und zwar nicht nur von unseren Fortschritten selbst, sondern vor allen Dingen von denen, die angeblich den Trick kennen, wie wir den Weg zu uns selbst abkürzen. Diese Abkürzung nicht zu suchen, spart eine Menge Zeit. Sie müssen übrigens nicht sofort wissen, was Sie mit dieser Zeit machen wollen. Das findet sich schon.

9
SCHEISS AUF DIE ANDEREN!
ARGUMENTE GEGEN DAS VOLLKOMMENE LEBEN

Inzwischen kennt man Individualismus nur noch in seiner negativen Form. Persönliche Eigenheiten scheinen heute etwas zu sein, mit dem man seine Umgebung quält und terrorisiert. Wer eine Party veranstaltet, weiß, was gemeint ist. Längst reicht es nicht aus, neben dem geplanten Menü noch ein vegetarisches Gericht bereitzuhalten, nun müssen außerdem noch milch- und glutenfreie Köstlichkeiten angeboten werden, und bald werden auch Salz und Soja auf der schwarzen Liste stehen. Raucher können nur eingeladen werden, wenn man über einen Balkon oder eine Terrasse verfügt, Musik gibt es, wenn man Nachbarn hat, die nicht dauernd die Polizei rufen. Auf Kindergeburtstagen ist es noch schlimmer, dort kann man sich mit der falschen, weil nicht feinstaubfreien Malkreide oder dem politisch nicht korrekten Kinderfilm schnell Feinde machen. Doch daraus zu schließen, dass sich die Verteidigung der eigenen Andersartigkeit in unserer Gesellschaft vollkommen überlebt und deswegen erledigt hat, ist voreilig. Wir kämpfen nur meistens an den falschen Fronten. Es gibt viele Momente, in denen unser Recht auf individuelle Lebensgestaltung ernsthaft bedroht ist und wir es verteidigen sollten. Zum Beispiel wird uns das Recht abgesprochen, in der Stadt zu leben, die wir lieben und in der unsere Freunde wohnen, wenn das Arbeitsamt von uns erwartet, für einen Arbeitsplatz den Wohnort zu wechseln.

Warum darf irgendjemand darüber bestimmen, was uns wichtiger sein sollte – ein Job oder das Pflegen unserer Freundschaften? Wer erfolgreich sein will, muss flexibel sein, heißt es. Aber wer sagt denn, dass ich um jeden Preis erfolgreich sein will?

Sich zu sich selbst zu bekennen bedeutet notfalls, sich bestehenden Normen zu verweigern. Man muss nur wissen, wie diese Normen heute tatsächlich aussehen. Schon allein die Zahl der Angebote von Lebensberatern, Bewusstseinscoachs und Glücksexperten macht uns sehr deutlich, was von uns erwartet wird. Im Vorwort zu ihrem Buch »Wut. Plädoyer für ein verpöntes Gefühl« schreibt die österreichische Psychiaterin Heidi Kastner, dass wir heute in einem Korsett der Gefühlsäußerungen leben. Und das in einer Zeit, in der angeblich alles erlaubt ist. Doch wer genau hinschaut, wird schnell feststellen, dass eben nicht alles erlaubt ist. Zwar wird jede ungewöhnliche Lebensform gefeiert und als Vorbild hingestellt, stoßen sämtliche sexuellen Ausrichtungen bei den meisten Leuten auf Toleranz, und Abenteuerlust und Risikobereitschaft genießen höchste Anerkennung, doch jegliches Zögern und Zaudern ist tabu. Genauso unerwünscht sind Gefühle wie Verzweiflung, Unzufriedenheit und Wut. Ich darf mich ausleben – aber nur, solange ich dabei glücklich, zufrieden und erfolgreich bin.

Nicht allen Einflüssen, die einen auf der Suche nach der eigenen Lebensart behindern, kann man ausweichen, anderen wiederum kann man sich ganz leicht entziehen. Die hier aufgeführten Überlegungen sind keine Tipps, zumal es hier um Dinge geht, die man lieber lassen sollte, anstatt sie zu tun. Ich habe mir überlegt, wie es aussehen könnte, wenn man auf die Anstrengung verzichtet, den landläufigsten Normen gerecht zu werden. Wer sich also weniger anstrengen und anpassen möchte, könnte ...

... nicht mal versuchen, sich nicht zu vergleichen.

Sich nicht zu vergleichen ist wie jeder Tipp im Kern nicht falsch. Doch wie die meisten Tipps erreicht auch dieser genau das Gegenteil dessen, was empfohlen wird. Denn der Vorschlag, sich nicht mit anderen zu vergleichen, führt augenblicklich dazu, dass man sich vergleicht! Als Erstes vergleicht man sich mit denen, die einem den Tipp gegeben haben und die sich offensichtlich – im Gegensatz zu einem selbst – nicht mit anderen vergleichen. Dann vergleicht man sich mit allen anderen und überlegt, ob man inzwischen zu einer Minderheit gehört, die noch dem Laster des Vergleichens frönt.
Sich zu vergleichen passiert leider automatisch; am Strand schaut man, ob andere dickere Schenkel und mehr Cellulite haben, auf einer Party wirft man einen kontrollierenden Blick auf die Fältchen um Augen und Mund der anderen Gäste, erscheint der Arbeitskollege in einem neuen, maßgeschneiderten Anzug, macht man sich am nächsten Morgen etwas sorgfältiger zurecht, ist man mit den großartigen Leistungen eines anderen Menschen konfrontiert, ruft man sich schnell seine eigenen Qualitäten in Erinnerung. Sich vergleichen dient der Selbstberuhigung und -vergewisserung.
Solange man also bei diesen Vergleichen nicht ständig schlecht wegkommt, ist dagegen nichts einzuwenden. Jedenfalls würde es einen eine Menge Kraft kosten, aktiv gegen diese Vergleichssucht vorzugehen. Wenn einen das

Vergleichen aber unglücklich macht, wird man von ganz allein auf die Idee kommen, damit aufzuhören und sich auf das zu besinnen, was an einem selbst unvergleichlich ist.
Am unglücklichsten macht übrigens der Vergleich mit der »echten« und vollkommenen Person, die ich sein könnte, wenn ich mir mehr Mühe geben würde. Denn bei diesem Vergleich kommt mein unvollkommenes und unvollständiges Selbst immer schlecht weg.

… sein eigenes Leben nicht abwerten lassen.

Ermutigende Sprüche, Mutmacher-Tipps und Motivationshilfen haben ein Janusgesicht. Sie sollen aufbauen, und vielleicht fühlt es sich am Anfang auch so an. Doch der regelmäßige Konsum solcher Lebensweisheiten führt in die Depression. Denn mit Aufforderungen wie: man solle »endlich anfangen zu leben« oder man solle »das Wartezimmer des Lebens verlassen«, geben einem die Absender gleichzeitig zu verstehen, dass sie davon überzeugt sind, dass man das, was man tun soll, gar nicht tut.
Auf diese Weise entsteht langsam, aber sicher das Gefühl, man müsste noch etwas erledigen, bevor man so richtig mit sich zufrieden sein darf. Das Verrückte ist, dass sogar diese Weisheit inzwischen in den sozialen Medien herumgeschickt wird. Inzwischen kann man also auch hier auf den Ratschlag stoßen, dass man sich von dem Gedanken befreien solle, man müsse bewusster werden und loslassen können, bevor es losgeht mit dem richtigen Leben. Doch auch durch diesen Ratschlag fühle ich mich bei einem Fehler ertappt, weil ich natürlich genau das glaube.

Jeder Mensch, der anderen Ratschläge gibt, teilt ihnen automatisch mit, dass sie seiner Meinung nach dieser Ratschläge bedürfen. Das kommt nicht nur ganz deutlich bei Hilfsangeboten der Art wie »Vier negative Dinge, die dein Leben beeinflussen, und wie du sie wieder loswirst« zum Ausdruck, sondern auch bei vermeintlich positiven Bestätigungen, wie etwa der Affirmation, dass man ein wunderbares Wesen und der Körper ein Tempel sei. Vielleicht trifft uns Letzteres sogar härter – denn da geht ein anderer ganz selbstverständlich davon aus, dass ich mir der Schönheit meines Wesens und meines Körpers bewusst sei, nicht ahnend, dass es tatsächlich noch Menschen wie mich gibt, die das anders empfinden.

Ratschläge sind eine ganz perfide Art der Selbsterhöhung. Mit dem Ratschlag, nicht an Sicherheiten zu kleben zum Beispiel, erhebt man sich über andere, nämlich über alle, die sich nach mehr Sicherheit sehnen. Doch mit welchem Recht äußert man sich so verächtlich über die Wünsche anderer Leute?

Ich will nicht ausschließen, dass sich irgendwo im Netz ein Ratschlag befindet, der Sie wirklich einen großen Schritt weiterbringt und Sie deutlich glücklich und zufriedener macht. Doch ich befürchte, selbst wenn es diesen Ratschlag gibt, wird seine positive Wirkung durch die vielen negativen Effekte der anderen Ratschläge, die Sie bis dahin lesen müssen, wieder aufgehoben.

... auch mal die Schuld beim anderen suchen.

Wut ist unter anderem deswegen so verpönt, weil Wutgefühle bedeuten, dass ich keine Verantwortung mehr für mein Unglück übernehmen mag. Wütend ist man in der Regel nämlich auf andere Menschen oder auf die Umstände. Ständig werden wir ermahnt, nicht wütend zu werden, sondern die Verantwortung für unsere Gefühle und unsere Situation selbst zu übernehmen. Dabei wird leider übersehen, dass es genauso unangemessen ist, ständig die Verantwortung für alles auf sich zu nehmen, was einem zustößt, und sich selbst zu kasteien. In einer Zeit, in der ich einfach an allem schuld bin, an meiner Arbeitslosigkeit, an meinen gesundheitlichen Problemen, an den Schwierigkeiten in meinen Beziehungen und am Zustand dieser Welt, kommt es einer Revolution gleich, wenn ich diese Schuld ablehne.

Es tut gut, ab und zu einmal sagen zu dürfen, wie man die Welt WIRKLICH empfindet, also zum Beispiel dass man das Gefühl hat, dass an einem Streit nicht immer beide Parteien gleich viel Schuld haben. Oder dass man auf bestimmte Dinge keinen Einfluss hat und deswegen auch nicht schuld an ihnen sein kann.

Wenn ich anfange, die Schuld für alles, was um mich herum passiert, abzulehnen, dann werde ich schon bald überlegen, was sich um mich herum ändern sollte, damit ich nicht mehr so wütend sein muss. Manchmal kommt man damit zu besseren Ergebnissen, als wenn man sich mit seinen Schuldgefühlen herumschlägt.

Das kann ein öffentlicher Blog sein, in dem man beschreibt, dass man es satthat, sich schuldig zu fühlen, weil man nicht dem aktuellen Schönheitsideal entspricht, dass es also nicht die eigene Unvollkommenheit ist, die einen quält, sondern tatsächlich die anderen, die einen nicht so akzeptieren, wie man ist.

Doch auch der Eröffnung eines verpackungsfreien Super-

marktes, wie es 2014 Sara Wolf und Milena Glimbovski in Berlin getan haben, ist in gewisser Weise die Ablehnung einer persönlichen Schuld vorangegangen. Auf die Idee eines verpackungsfreien Supermarktes kann man nämlich nur kommen, wenn man der festen Überzeugung ist, dass man nicht schuld daran ist, dass in Deutschland in den letzten zwei Jahrzehnten die Pro-Kopf-Menge an erzeugtem Hausmüll rasant angestiegen ist. Man muss es ablehnen zu glauben, dass die eigene Konsumgeilheit oder der fehlende Einklang mit der Natur der Grund dafür ist, dass man Jahr für Jahr 611 Kilogramm Müll erzeugt. Schließlich haben die Menschen früher nicht weniger Müll erzeugt, weil sie bewusster waren und sich mehr Gedanken gemacht haben. Es ist die Industrie, die immer mehr Nahrungsmittel immer aufwändiger verpackt, und wenn ich möchte, dass die von mir erzeugte Menge an Verpackungsmüll nicht gleich dreimal, sondern nur zweimal so hoch ist wie die von meinen Eltern damals, muss ich mich schon richtig anstrengen.
Dadurch, dass Sara Wolf und Milena Glimbovski dieses Problem nicht auf individueller Ebene angepackt haben, helfen sie jedenfalls mehr, Müll zu vermeiden, als sie es jemals durch Einkäufe auf dem Wochenmarkt und das Wiederverwenden von Plastiktüten geschafft hätten.

... sich nicht blenden lassen.

Wer Glückstipps gibt, wirkt automatisch so, als habe er das Leben im Griff. Wer postet, dass man etwas riskieren solle, vermittelt den Eindruck, als wäre er besonders verwegen und risikofreudig. Wer Kurse gibt, in denen man angeblich lernt zu lieben, ohne Besitzansprüche zu stellen, behauptet von sich, dass er diese Kunst beherrscht. Wer Empfehlungen parat hat, wie man sich von seinen alten Mustern befreit, wird bereits zu seinem neuen, besseren Selbst gefunden haben.

Leider lässt man sich von Menschen, die allzu sehr von sich überzeugt sind, leicht blenden. Schaut man aber genauer hin, dann kann es sein, dass Menschen, die behaupten, dass sie endlich den Mut gefunden haben, alles anders zu machen und ihren Traum zu leben, ein Leben führen, das sich gar nicht groß von unserem unterscheidet. Auf die Darstellung kommt es also an.

Ein Beispiel eines besonders gelungenen Bluffs ist die Aktion »100 days without fear« der jungen Amerikanerin Michelle Poler. Eine Aktion, mit der sie auch andere Menschen inspirieren möchte, ihre Ängste zu überwinden und somit das Leben voll auszukosten. Ihr Vorhaben, in hundert Tagen hundert Ängste zu überwinden, hat sie in kleinen Videos dokumentiert. Doch wer die Videos anschaut, wird mit der Banalität von Michelle Polers Ängsten konfrontiert. An einem Tag lässt sie sich die Beine wachsen, davor hat sie nämlich bisher immer Angst gehabt, an einem anderen wechselt sie die Windel des Babys einer Freundin, auch davor hatte sie sich bisher gefürchtet. Einen anderen Tag verbringt sie ohne ihr Handy.

Das sind alles Dinge, die man selbst auch schon mal ausprobiert hat – aber ohne groß ein Wort darüber zu verlieren. Fast jeder hat einmal damit experimentiert, wie es ist, einen Tag lang auf etwas zu verzichten. Jeder überwindet tagtäglich kleine Ängste, wie etwa sich die tiefe Wunde an seinem Finger genauer anzuschauen oder alleine zu einer

Veranstaltung zu gehen, ohne auch nur einer Menschenseele von diesen Heldentaten zu erzählen.
Doch Michelle Poler hält inzwischen Vorträge über ihr Projekt, und es kommen viele Zuhörer. Inzwischen reichen schon Stichwörter wie »Ängste überwinden« und »wirklich zu leben«, um die Leute in Scharen anzulocken. Es lohnt sich aber, genauer hinzusehen, was einem da als strahlendes Vorbild vorgeführt wird.

... das schlechte Gewissen anderen überlassen.

Ein kompromisslos gutes Leben zu führen ist unmöglich. Irgendwann wird man immer sündigen. Aber manche stellen sich so dar, als wären sie sündenfrei, und wir sind merkwürdigerweise bereit, ihnen zu glauben.
Manche lieben Tiere und sind deswegen Veganer; wir dagegen sind natürlich auch gegen Massentierhaltung, aber wir haben nicht die Disziplin, auf Fleisch zu verzichten. Aufgrund unserer Inkonsequenz glauben wir, uns nicht zu diesem Thema äußern zu dürfen. Das ist schade, denn die Tierschützer tun dies dafür umso mehr. Da wird für einen Schlachthofbetreiber schon mal die Todesstrafe gefordert, und Fleischessern wird jedes moralische Gewissen abgesprochen. Dabei kann man sehr wohl Fleisch essen und trotzdem gegen Massentierhaltung sein.
Dafür werden Tieren alle guten Eigenschaften zugesprochen, von denen wir Menschen noch »eine ganze Menge lernen können«. Zum Beweis werden Videos rumgeschickt, auf denen man etwa Schildkröten sieht, wie sie einem Artgenossen helfen, der auf den Rücken gefallen ist. Es handelt sich dabei eindeutig um ein instinktives Verhalten,

denn weder helfende noch hilflose Schildkröten reagieren aufeinander, sobald alle wieder auf ihren vier Beinen stehen. Den Menschen, die von diesem Verhalten noch »eine Menge lernen können«, wird also unterstellt, dass sie eine Person, die vor ihnen auf der Straße stürzt, links liegen lassen würden. Trotz logischer Schwächen wird dieses Menschenbashing aber geliket und weitergepostet.

Der Vorwürfe im Netz sind viele, manche posten täglich, woran das Ego der Menschen alles schuld sei, und es ist ganz klar, dass damit unser Ego gemeint ist – und nicht etwa das der Kritiker. Am vorwurfsvollsten sind die Kommentare unter den Katastrophenmeldungen auf der Website der Tagesschau. Da kann man unter dem Bericht über das Erdbeben in Nepal lesen, dass wir gefälligst einmal im Monat weniger essen gehen oder auf den Kauf der fünfzehnten Handtasche verzichten sollten, um das gesparte Geld an die Leidenden in Nepal zu spenden.

Natürlich wird der Verfasser dieses Kommentars kein Geld auf das von der Tagesschau-Redaktion eingerichtete Spendenkonto überweisen, denn er hat sich ja schon durch seinen moralinsauren Vorwurf an ein anonymes Publikum ausreichend von seinen Schuldgefühlen entlastet.

Haben Sie kein schlechtes Gewissen, wenn Sie nicht immer perfekt nach Ihren eigenen Moralvorstellungen handeln – andere tun es auch nicht, sie stellen sich nur so dar.

… genießen und schweigen.

Es ist verführerisch, ein außerordentliches Erlebnis auch anderen zu zeigen, zumal man ja selbst dauernd mit Fotos von Traumurlauben und Superbabys bombardiert wird. Es schadet ja nicht, im Gegenteil, gehört nicht das Posten danach inzwischen schon zum Erlebnis dazu? Warum sollte der Gentleman oder die Lady genießen und schweigen, sind das nicht irgendwelche Benimmregeln aus dem letzten Jahrhundert?

Es geht hier nicht um die vornehme Zurückhaltung um ihrer selbst willen oder gar um den Hinweis darauf, dass man schließlich nicht seine schlechten Seiten und Niederlagen posten würde und man daher auch nicht seine persönlichen Siege herumzeigen dürfe. Es geht darum, dass Genuss ohne Schweigen nicht möglich ist. Wer seine besonderen Momente postet, entwertet sie, er macht sie zu Material, mit dem er sich vor anderen darstellt, und sich selbst zum Objekt, das er vorführt. Genauso missbraucht er das Publikum, das nun Beifall klatschen muss.

Dass dieses Beifallklatschen nicht einfach ist, wird offensichtlich ausgeblendet. Dabei weiß doch jeder, dass das Vorführen schöner Erlebnisse selten Mitfreude bei anderen auslöst (außer vielleicht bei der eigenen Mutter), sondern eher Neid. Diesen Neid wandeln die meisten durch einen bewussten Akt in Großzügigkeit um; die Energie, die das kostet, mag man aber wirklich nur für gute Freunde aufbringen, und bitte nicht zu oft.

Wer diesen Aufwand ständig und von jedem einfordert, erntet keine Bewunderung – er nervt.

Der Kommentar eines Freundes unter den Post seines Bruders mit Fotos eines dreimonatigen Segeltörns ist ein gut gemeinter Hinweis darauf, dass wir wahre Freunde nicht beeindrucken müssen, um von ihnen gemocht zu werden. Er schrieb: »Lieber Lars, wir lieben dich, aber nun möge dein Glück zu Ende gehen, damit wir dich auch weiterhin lieben können.«

LITERATUR- UND FILMTIPPS

Charles Taylor: Das Unbehagen an der Moderne. Suhrkamp, Berlin 1995.

David Foster Wallace: Schrecklich amüsant – aber in Zukunft ohne mich. Kiepenheuer & Witsch, Köln 2004.

Friedrich Engels: Briefe aus dem Wuppertal, aus: Karl Marx, Friedrich Engels: Werke. Dietz Verlag, Berlin 1976, Band 1. S. 413 ff.

Friedrich Engels: Die Lage der arbeitenden Klasse in England, aus: Karl Marx, Friedrich Engels: Gesamtausgabe, (MEGA). Hrsg. von der Internationalen Marx-Engels-Stiftung, Amsterdam. De Gruyter, Berlin/München 1998.

Harry außer sich, Spielfilm von Woody Allen, USA, 1997.

Heidi Kastner: Wut. Plädoyer für ein verpöntes Gefühl. Kremayr & Scheriau, Wien 2014.

Helmut Apel: Bildungshandeln im soziokulturellen Kontext. DUV, Wiesbaden 1993.

Jean-Jacques Rousseau: Träumereien eines einsamen Spaziergängers. Übers. von Ulrich Bossier. Nachw. von Jürgen von Stackelberg. Reclam, Stuttgart 2012.

Kumaré, Dokumentarfilm von Vikram Gandhi, USA, 2011

Rahel Jaeggi: »Unser Verständnis von Selbstverwirklichung ist eine Zumutung«. Interview in: Philosophie Magazin 01/2014.

Rocky – Die Chance seines Lebens, Spielfilm von und mit Sylvester Stallone, USA, 1976.

Zusammen!, Spielfilm von Lukas Moodysson, Schweden, 2000.

DANKE

Detlef Barz
Karin Hofmann
Antonia Keinz
Marc Malkwitz
Ilona Volmer-Maek
Jörn Morisse
Friederike Neis
Oliver Sperl

Herzlichen Dank auch an die Mitarbeiterinnen Brigitte Kopatz und Katharina Bukert vom Museum für Frühindustrialisierung in Wuppertal.

Das ultimative Anti-Geschenkbuch der Anti-Expertin!

Rebecca Niazi-Shahabi /
Oliver Sperl

**Keine Geschenke
erhalten die
Freundschaft**

Die schönsten Präsente von
Fototasse bis Salzteigschmuck

Piper Taschenbuch, 240 Seiten
Mit zahlreichen farbigen
Abbildungen
€ 12,99 [D], € 13,40 [A]*
ISBN 978-3-492-30544-0

Schenken ist so verdammt kompliziert! Ein Klorollenhalter für die Tante? Drei Stunden im Schaufelbagger für den Freund? Und für Omi was Selbstgebasteltes, das vor Hässlichkeit gegen die Genfer Konventionen verstößt? Damit ist in Zukunft Schluss! Nie wieder Duftkerzen mit Landluft-Aroma – dafür aber dieses Buch. Mit den klügsten Gedanken über das Schenken und den lustigsten Präsente-Pannen! Reich illustriert mit den absurdesten Abscheulichkeiten bietet dieses Buch DIE Lösung für alle, die nie wieder danebenschenken wollen.

Leseproben, E-Books und mehr unter www.piper.de

Lieber Mitgift als gar keinen Spaß!

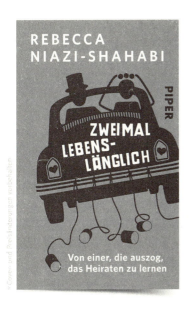

Hier reinlesen!

Rebecca Niazi-Shahabi
Zweimal lebenslänglich
Von einer, die auszog, das Heiraten zu lernen

Piper Taschenbuch, 208 Seiten
€ 9,99 [D], € 10,30 [A]*
ISBN 978-3-492-30416-0

Heiraten spießig zu finden ist auch nicht sonderlich originell, denkt Rebecca und nimmt den Antrag ihres Freundes an. Doch mit dem Ja-Wort stellen sich dem Paar plötzlich Tausende Fragen: Wie vermeidet man die schlimmsten Hochzeitssongs? Was bedeutet uns die Ehe heute eigentlich noch – und warum tragen Standesbeamte immer Motivkrawatten? Aus erster Hand berichtet diese Braut von ihrer nicht immer ganz schmerzfreien Mission: der coolsten Hochzeit der Welt.

Leseproben, E-Books und mehr unter www.piper.de

»Erfrischend!«

Myself

Rebecca Niazi-Shahabi
**Ich bleib
so scheiße,
wie ich bin**
Lockerlassen und
mehr vom Leben haben

Piper Taschenbuch, 272 Seiten
€ 9,99 [D], € 10,30 [A]*
ISBN 978-3-492-30056-8

Beim Versuch, schlanker, schlauer und schöner zu werden, mal wieder gescheitert? Den Traumjob knapp verpasst? Egal, denn wer hat eigentlich behauptet, dass Erfolgreichsein der Normalzustand ist? »Ich bleib so scheiße, wie ich bin« macht Schluss mit der Selbstoptimierung. Schluss mit der Wahnsinnsidee, dass man das Leben besonders effektiv zu nutzen habe. Besser werden heißt wahnsinnig werden, also: Bleiben Sie dick, faul, jähzornig – und glaubwürdig.

PIPER

Leseproben, E-Books und mehr unter www.piper.de

»Rebecca Niazi-Shahabi verrät, wie man Eindruck schindet.«

B.Z.

Hier reinlesen!

Rebecca Niazi-Shahabi
Nett ist die kleine Schwester von Scheiße
Danebenbenehmen und trotzdem gut ankommen

Piper Taschenbuch, 288 Seiten
€ 9,99 [D], € 10,30 [A]*
ISBN 978-3-492-26418-1

»Weniger ist mehr« gilt vielleicht für die Farbwahl der Abendgarderobe – nicht aber für das anschließende Geschäftsessen. Wer sich immer brav im Hintergrund hält und verbindlich lächelt, hinterlässt außer einem lauwarmen Händedruck bestimmt keine weiteren Spuren. »Nett ist die kleine Schwester von Scheiße« zeigt, dass Charisma erlernbar ist, wie Charme perfekte Manieren ersetzt, und verrät die Geheimnisse prominenter Provokateure. Eine Kulturgeschichte des schlechten Benehmens, die Eindruck macht!

Leseproben, E-Books und mehr unter www.piper.de

Die Lizenz zum Leise-Sein

Sylvia Löhken

Leise Menschen – starke Wirkung

Wie Sie Präsenz zeigen und Gehör finden

Piper Taschenbuch, 288 Seiten
€ 12,99 [D], € 13,40 [A]*
ISBN 978-3-492-30699-7

Warum haben es introvertierte Menschen oft so schwer in unserer lauten Gesellschaft? Welche Bedürfnisse haben sie? Und wie können leise Menschen ihre Stärken nutzen? Sylvia Löhken erklärt, dass Stillsein keine Schwäche ist: Introvertierte haben einfach andere Stärken und Bedürfnisse als extrovertierte Menschen. Sylvia Löhken hilft ihnen dabei, diese für ihre beruflichen und privaten Ziele zu nutzen, Präsenz zu zeigen und Gehör zu finden.

Leseproben, E-Books und mehr unter www.piper.de